U0143044

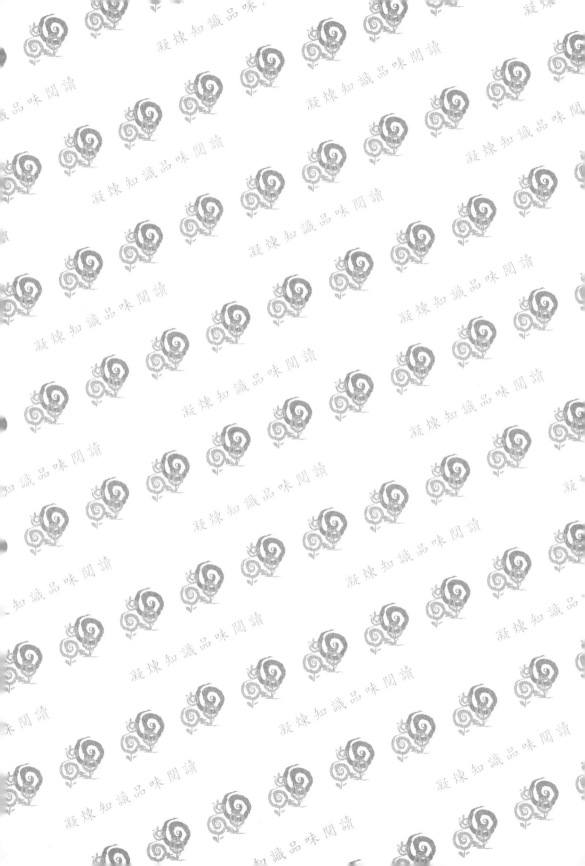

教師協作

教學輔導案例輯
（第二集）

教育部師資培育及藝術教育司　主編
賴光眞　張民杰　編著

五南圖書出版公司 印行

主編序

　　教育部為實踐教師專業發展及精進學生學習品質，促進教師專業成長，自105 學年度起整合相關教師專業成長措施，推動「中小學教師專業發展支持系統」，持續辦理中小學教師專業發展初階、進階專業回饋人員、教學輔導教師及講師等四類人才培訓、認證與相關事項，並期望透過多元管道與路徑，引導教師專業成長。

　　目前全國已培育逾4,000位教學輔導教師，同時也持續推動教學輔導教師制度，使完成培訓認證之教師能提供專業知能，協助夥伴教師專業成長。由於教學輔導事務內涵甚廣，不單局限於課程及教學，也常觸及班級經營與親師生互動等層面。因此，在陪伴夥伴教師的過程中，教學輔導教師除了給予支持，更需要實質協助釐清夥伴教師所遇到的問題關鍵，並能提供解決策略與建議。期待藉由教學輔導教師制度之實踐，能夠幫助夥伴教師解決困境、獲得專業成長，教學輔導教師也能從輔導歷程中得到刺激與省思，共同促進學生學習品質的提升。

　　國立臺灣師範大學師資培育學院張民杰教授、東吳大學師資培育中心賴光真副教授，受本部委託主持「108 年度中小學教師專業發展初階、進階專業回饋人員、教學輔導教師培訓及認證計畫」，在執行專業人才培訓計畫之餘，為了讓相關資源能與更多教育人員參考分享，特別針對參與教學輔導教師培訓認證時所撰寫之教學輔導案例，選取其中極具參考價值者。在徵求同意後，委請專家學者與現職教師給予回饋，再次彙編完成《教師協作：教學輔導案例輯（第二集）》，以饗教育界廣大的教師讀者。觀其內容，主題多元豐富，包含班級團體經營、課堂行為規範、人際衝突調解、特殊學生輔導、親師聯繫溝通等，實可作為教師專業成長的寶貴資源。在本案例輯出版之際，特撰序言，以為推薦。

教育部師資培育及藝術教育司司長

鄭淵全 謹識

2019年11月

作者序

　　教學輔導教師在輔導實踐的歷程中，針對夥伴教師面臨的問題或困境，共同了解實際的情境與背景，分析釐清關鍵問題，並且提供個人經驗或建議對策，嘗試協助夥伴教師解決問題，並獲得專業成長與發展。夥伴教師遭遇的案例，往往也是其他諸多中小學教師經常會面對的問題，因此若能擴大分享這些輔導歷程與內容，深具積極意義。

　　繼2017年彙編出版《教師協作：教學輔導案例輯》之後，許多教育夥伴常詢問是否有出版續集的規劃，同時也建議除了國高中相關案例之外，能納入國小階段的輔導案例。在各方的期望之下，我們於是排除萬難，再次彙編這本第二集的教學輔導案例輯。

　　本案例輯主要分為班級團體經營、課堂行為規範、人際衝突調解、特殊學生輔導等主題。而鑑於親師聯繫溝通也經常是中小學教師面對的課題，本案例輯也納入若干由張民杰教授所主持的科技部專題研究計畫《發展中小學初任教師親師溝通增能課程之研究》（計畫編號：MOST 105-2410-H-003-103）所蒐集的親師溝通相關案例，讓主題更加多元，並符應教師的重要關注與需求。每一個主題底下都包含4-6個案例，總共收錄23則案例。

　　由於「教師專業發展實踐方案」專業人才培訓108年的工作重點之一是引介推廣「授課教師主導的教學觀察」（Teacher-Driven Observation, TDO），我們認為教學輔導教師嘗試引導夥伴教師認識並學會運用TDO模式的教學觀察，將是協助夥伴教師達到自主專業成長的可行途徑之一。因此，在案例主題前的緒論篇，我們安排了一篇「TDO模式教學觀察的步驟、特色與優點——兼論教學輔導教師在模式中的角色功能」的文章，簡介TDO教學觀察模式的運作步驟、特色與優點，同時進一步闡述教學輔導教師在TDO模式教學觀察中可以扮演的角色，以及扮演特定角色時應執行的任務或應注意的事項，提供教學輔導教師與各方教育先進作為參考。而在案例主題之後，我們附錄了各教育階段教學輔導教師所撰寫的「平時輔導紀錄表」，以及修改後的「輔導案例紀錄表」空白表格，以提供參考示例，讓教

師更清楚知悉該紀錄表的使用方式。最後，提供一份「案例品質評估表」作為參考，透過表格中列出的不同層面，協助教師撰寫案例，提升案例內容的品質。

感謝參與教學輔導教師培訓的尤繪綺老師、朱俊豪老師、何侑聰老師、李以敏老師、洪裴璞老師、馬君宜老師、張文權老師、許妙瑜老師、許哲碩老師、陳嬿竹老師、黃美嬌老師、楊婉怡老師、楊碧珠老師、鄭舒云老師、薛惠錦老師、簡康妮老師、權淑蕙老師等（依姓氏筆畫為序），同意提供教學輔導案例；此外，也感謝王美玲老師、李湘慧老師、林晉緯老師、陳蕙竹老師等（依姓氏筆畫為序），願意分享親師溝通相關的案例。

本案例輯蒐集彙編的案例，除了教學輔導教師針對案例所做的案例情境敘述、關鍵人物背景描述、關鍵問題分析、建議和協助、事件結果或心得感想之外，每一則案例也邀請兩位學者專家或中小學教育人員撰寫回饋意見，以豐富案例討論的內涵，擴大思考的面向與周延性。感謝朱芳梅主任、李孟柔主任、林宏武主任、高博銓教授、陳英杰老師、陳慧娟教授、曾政清老師、黃淑馨前校長、葉坤靈教授、葉興華教授、劉榮嫦前校長、蔡惠青老師、賴文堅教授、濮世緯教授（依姓氏筆畫為序）等，在百忙之中撥冗提供寶貴的回饋意見。

本書能夠順利付梓出版，特別感謝袁薏淳小姐費心聯繫案例提供者與回饋者，協助校閱與統整稿件，召開編輯會議，以及處理各項行政庶務。此外，也感謝五南圖書出版公司慨允出版，特此申謝。

賴光眞、張民杰
於國立臺灣師範大學
2019年10月

目 次

〰〰〰

案例與關鍵詞對照表

案例	教育層級	關鍵詞
案例1-1 體育班教師的哀愁	國中	班級規範、師生溝通、帶班方式
案例1-2 逆轉學生轉學危機	國小	帶班方式、師生溝通、親師溝通、轉學
案例1-3 炸了開來的壓力鍋	高中	師生溝通、團體動力、學生同儕衝突、任務指派
案例1-4 北漂教師的英劇換角風波	國小	團隊精神、事務分派、親師溝通
案例2-1 拒絕檢定的小女子	高職	班級規範、學習動機、師生溝通
案例2-2 躲在桌下玩電玩的阿寶	高職	情緒及學習障礙、團體動力、班級規範
案例2-3 實習試教秩序亂糟糟	國小	班級規範、秩序管教、師生溝通、學習動機
案例2-4 時時刷存在感的孩子	國小	師生溝通、班級規範
案例2-5 幫助好動孩子變好學！	國中	班級規範、學習狀況不佳、家庭關係
案例3-1 亦師亦友？	高職	師生關係、師生溝通、師生衝突
案例3-2 從女廁出來的阿西	高職	師生衝突、價值觀、師生溝通
案例3-3 小五學生的地下經濟	國小	遊戲交易、金錢交易、同儕衝突、親師溝通、教師定位
案例3-4 傷腦筋的分組課	國小	學習落後、同儕關係、師生溝通、親師溝通
案例4-1 午休時間的偷親臉頰事件	國小	注意力不足及過動症、性騷擾、親師溝通
案例4-2 不定時炸彈	高職	注意力不足及過動症、校規執行、師生溝通、親師溝通、家庭關係
案例4-3 爲什麼都要我代理值日生？	高職	輕度智能障礙、班級規範
案例4-4 一擦再擦的空白圖畫紙	國小	作業遲交、師生溝通、動機
案例5-1 我的孫子一定被霸凌	國小	親師溝通、隔代教養、同儕衝突

案例	教育層級	關鍵詞
案例5-2 我的孩子拿BB槍是自衛	國中	親師溝通、同儕衝突
案例5-3 爸爸不讓我上補救教學課	國中	親師溝通、學習能力不佳
案例5-4 我女兒的傷不夠嚴重嗎？	國中	親師溝通、同儕衝突
案例5-5 電話那頭崩潰痛哭的媽媽	國中	親師溝通、同儕衝突
案例5-6 總是在家尋寶的中輟少女	國中	親師溝通、親子關係、中輟

緒 論 篇

TDO與教輔

TDO模式教學觀察的步驟、特色與優點——兼論教學輔導教師在模式中的角色功能

賴光眞

一、前言

　　十二年國民基本教育課程綱要在2019年8月開始正式實施。在總綱「實施要點」中，對教師專業發展有「為持續提升教學品質與學生學習成效，形塑同儕共學的教學文化，校長及每位教師每學年應在學校或社群整體規劃下，至少公開授課一次，並進行專業回饋」之規定（教育部，2014），因此自108學年度起，全國中小學安排公開授課並進行專業回饋，將成為例行性的教師專業發展事務。

　　公開授課本質上就是一種教學觀察，而教學觀察的主導或發動可以有不同的模式，諸如基於政策法規要求而由學校或社群發動的「行政主導模式」，基於同儕觀察者需求而發動的「觀察者主導模式」，或者基於授課教師本身需求而發動的「授課教師主導模式」。前述三種模式各有其優點、缺點、限制或適用情境，也均能促進教師教學專業成長。但是若能趨向授課教師主導模式，理應更能符合教師為自己的教學專業成長負責、終身自主追求專業發展的理念，並更能落實或深化公開授課的效益。在《透明的教師：以同儕蒐集課堂資料精進教學》（*The transparent teacher: Taking charge of your instruction with peer-collected classroom data*）（Kaufman & Grimm, 2013；賴光眞、賴文堅、葉坤靈、張民杰譯，2019）一書中提倡的「授課教師主導的教學觀察」（Teacher-Driven Observation, TDO），即為此一觀念的實踐。TDO模式的教學觀察有機會讓教師在教學觀察中感到更簡便、更自在，並且更能實質協助教師教學專業發展（賴光眞、張民杰，2019），

值得參考採用與推廣。

　　在促進教師教學專業成長發展的努力中，教學輔導教師扮演著相當重要的角色，也可以發揮相當大的功能。透過陪伴、引導與專業回饋，教學輔導教師協助同儕解決教學困難，提升教學成效，獲致教學相關的專業成長。而學校或同儕運用TDO模式進行公開授課或教學觀察時，教學輔導教師在該模式中應該或可以扮演特定的角色，使TDO模式的教學觀察更能發揮促進教師同儕教學專業成長的效果。

　　本文簡介TDO教學觀察模式的運作步驟、特色與優點，同時進一步闡述教學輔導教師在TDO模式教學觀察中可以扮演的角色，以及扮演特定角色時應執行的任務或應注意的事項，提供教學輔導教師與各方教育先進作為參考。

二、授課教師主導的教學觀察

　　TDO模式的教學觀察可以認知為「授課教師基於自我專業成長的需求，由其發動並主導觀察前會談、課堂觀察、觀察後回饋會談等整個教學觀察與專業回饋過程的一種模式」。TDO模式教學觀察的運作步驟、特色與優點，分述如後。

(一) TDO模式的運作步驟

　　參照Kaufman、Grimm兩位提倡者對TDO教學觀察模式運作歷程的見解，作者加以程序化，其運作歷程可以整理成如下的步驟：

步驟0　觀察前準備

0-1　產生問題意識，提出焦點問題（focus question）

0-2　選擇資料蒐集方法、工具及準備會談題綱

　　0-2-1　依據焦點問題選擇資料蒐集方法與工具

　　0-2-2　準備觀察前／後之會談題綱

0-3　邀請適任的觀察者

0-4 決定配套事宜

　　0-4-1 確定觀察三部曲之日期、時間與地點

　　0-4-2 決定其他相關事項

步驟1　觀察前會談（pre-observation meeting）

授課教師依據會談題綱主持會談（隨時釐清觀察者的疑惑）。

1-1 對觀察者說明課程的背景脈絡

1-2 說明焦點問題

1-3 分配任務，說明資料蒐集方法，提供觀察工具

1-4 約定觀察、觀察後回饋會談的時間、地點，以及說明其他配套注意
　　事宜

步驟2　觀察（observation）

　　觀察者依被分派的任務，使用指定的資料蒐集方法與工具，針對焦點問題，協助授課教師蒐集並記錄相關的質性或量化客觀事實資料。

步驟3　觀察後回饋會談（post-observation debriefing）

3-1 授課教師依據會談題綱主持回饋會談

　　3-1-1 觀察者具體說明觀察到的教與學客觀事實資料（O）

　　3-1-2 授課教師省思前述資料與焦點問題的關聯（R）

　　3-1-3 授課教師與觀察者討論觀察所得對彼此未來教學的啟發（I）

　　3-1-4 授課教師決定具體的教學行動計畫，或下一次的觀察焦點（D）

3-2 觀察者將資料交付給授課教師

　　其中步驟1到步驟3為TDO模式教學觀察的核心程序，相當於一般常說的「教學觀察三部曲」，也類似於所謂的「共同備課／說課─觀課─議課」。除了步驟1到步驟3之核心三部曲外，由於觀察前能否做好適當的準備，攸關教學觀察的成敗良窳或效果高低，其重要性不亞於核心三部曲，因此作者特別將「觀察前準備」另立為一個前置性的步驟，稱為步驟0，以彰

顯其重要性。

　　步驟1的觀察前會談，除了向觀察者說明課程脈絡之外，主要就是將觀察前準備所思考的事項，向觀察者做一簡要的報告，並隨時釐清他們的問題或疑惑，以期對教學觀察達到共識性的理解。

　　步驟2的教學觀察，授課教師進行課堂教學，觀察者則進行觀察與資料蒐集。此一步驟特別要注意的是觀察者不要被課堂氣氛影響而忘記了蒐集資料，也不要在此時急於對所觀察或蒐集到的資料賦予意義或做成結論。

　　步驟3的觀察後回饋會談，其中步驟3-1「授課教師依據會談題綱主持回饋會談」，是以類似但不完全相同於ORID焦點討論法的程序進行。ORID焦點討論法的程序是objective（客觀事實）、reflective（感受、反應）、interpretive（意義價值）、decisional（決定行動）；而TDO模式教學觀察此步驟提到的ORID架構，則是objectivity、relationship、interpretation、decision，其中O、I、D三部分意涵基本上相同，但R的部分則強調「關聯」，而非強調心理感性面的「感受」或「反應」。「關聯」指的是授課教師應省思觀察者提供的客觀事實資料及他們發表的看法，進而發現這些資料與看法，和其所提出來的焦點問題之間的關係；換言之，就是這些資料與看法是否回答了、或者如何回答了他的焦點問題。

　　步驟3-1的觀察後回饋會談，首先在O的階段，授課教師邀請觀察者以描述性語言，具體說明所蒐集記錄到的客觀資料，觀察者完整的報告了所蒐集到的客觀資料之後，授課教師進一步邀請觀察者談談他們對於所蒐集資料的看法；在R的階段，授課教師思考前述客觀資料、看法與其焦點問題之間的關聯，是否解答了焦點問題，並發表自己的見解；完成之後，在I與D的階段，則是授課教師依據觀察者報告的客觀資料、看法與本身的省思，提出他所獲得的教學啟發，以及決定後續應有的教學改進或精進作為，甚至也可以形成下一輪教學觀察的焦點問題或行動準備。在I或D的階段，雙方可以來來回回進行深度的討論，而且不僅止於授課教師，觀察者也可以談談自己在觀察或討論中獲得的啟發與成長，乃至於也提出自己計畫要有的教學改進或精進作為。

　　至於步驟3-2則是由觀察者將蒐集到的所有觀察資料略加打包整理後，

交給授課教師，象徵已履行了授課教師交付的教學觀察、資料蒐集與記錄等任務，儀式性的為此輪教學觀察做一個結束。

(二) TDO模式的特色

賴光真、張民杰（2019）分析比較了TDO模式的教學觀察與公開授課或一般教學觀察，指出彼此之間的理念與實施方式基本上相似，但是在「主導者」、「觀課焦點、方法與工具」、「觀課者」與「實施歷程與細節」等面向上仍存在部分差異，這些差異即成為TDO模式教學觀察的特色，使TDO模式的教學觀察有別於公開授課或一般教學觀察。

1. 主導者

TDO模式的教學觀察強調將授課教師置於自己教學專業學習成長的主導地位，為自己的教學專業學習成長負責（Kaufman & Grimm, 2013），因此教學觀察的發動乃是源自於授課教師自己想要改進教學、精進教學、解決問題、或者專業成長等內在動因，而且教學觀察的整個歷程也是由授課教師主導。與行政主導、或觀察者主導的教學觀察相比較，TDO模式明顯的是趨向「教師自己從教室內把大門打開」，而非「外人從教室外要求教師把大門打開」（張民杰、賴光真，2019）。

2. 觀課焦點、方法與工具

TDO模式的教學觀察主張每次教學觀察只鎖定一個具體的焦點問題，並針對這個焦點問題，選定適用的資料蒐集方法以及工具（Kaufman & Grimm, 2013），以期針對教學問題癥結所在，蒐集較為深入詳實的教與學事實資料。公開授課或一般教學觀察偏向使用通用性、多指標、多重點的觀察表格，廣角鏡式、無焦點的觀察，蒐集廣泛、但發散而表淺的資料，相較之下，TDO模式的思考與做法有頗為明顯的差異。

3. 觀課者

TDO模式的教學觀察主張觀察者由授課教師自主邀請，由授課教師綜合考慮哪些人員最能協助自己蒐集資料、解答焦點問題、願意共同專業成長，而且時間也能配合者，邀請2-4位，前來擔任觀察者（Kaufman &

Grimm, 2013）。這和一般常見教學觀摩式的教學觀察，往往來一大群觀察者，授課教師未必能確認有哪些人、多少人前來觀課，有著相當大的不同。

此外，公開授課或一般的教學觀察通常不會預先對觀察者做特定的、具體的任務分配或任務賦予，觀察者進入班級通常是挑選自己有興趣的、有注意到的、但未必是授課教師主要關注的事項，來進行觀察記錄。TDO模式的教學觀察則強調授課教師要賦予受邀的觀察者特定的資料蒐集任務，並且必須交代資料蒐集方法，提供對應的資料蒐集工具。

某些學校的公開授課或教學觀察，可能會公告並歡迎家長或社區人士報名，或者開放自由前來觀察授課教師的教學。對於觀察者，TDO模式主要回歸前述協助專業成長的基本考量，並不特別強調家長或社區人士的參與。

4. 實施歷程與細節

相對於公開授課的「共同備課－觀課－議課」程序，TDO模式的教學觀察不強調「備課」，而是重視「觀察前準備」以及「觀察前會談」。此外，對於觀察前與觀察後的會談，TDO模式強調預先準備「會談題綱」（protocol），以確保會談能完整的、有效率的、並保有足夠時間討論每一個重要事項。對於會談題綱的準備與使用，公開授課或一般教學觀察未必有同等的重視。

TDO模式的教學觀察，主張使用可以達到目標但力求簡短的時間來完成各種事項，例如：觀察前／後的會談，依循會談題綱簡要但嚴謹的逐步討論，大約15-20分鐘的時間即可完成；對於教學觀察，也主張觀察者僅需於會出現與焦點問題有關的教學行為時段入班觀察即可，未必需要停留並觀察整堂課的時間（Kaufman & Grimm, 2013），這點和公開授課或一般教學觀察對於教學觀察三部曲通常傾向都以各一整節課時間為思考的習慣，亦有所不同。

(三) TDO模式的優點

TDO模式的教學觀察在「主導者」、「觀課焦點、方法與工具」、「觀課者」與「實施歷程與細節」等事項上，與公開授課或一般教學觀察有若干的差異，而這些不同的特色之處，彰顯出TDO模式有其更精緻的思

考或設計，從而展現出其優點。歸納言之，TDO模式的教學觀察具有「簡便」、「自在」，以及「真正促進教師教學專業成長」等優點與效益。

在「簡便」方面，TDO教學觀察模式的兩位提倡者均出身於中小學教師，深知中小學教師日常工作繁重，因此主張教學觀察各步驟僅需以適當但力求簡短的時間，高效率的完成。TDO模式的教學觀察減免了共同備課的步驟，觀察前／後的會談可以用零碎時間完成，僅需於課堂部分時段入班進行教學觀察，並且主張僅需邀請2-4位教學觀察者，不求勞師動眾。這些思考與做法，對於授課教師與觀察者而言，都相對較為簡便，可以減輕時間、心力上的負擔。

在「自在」方面，TDO模式的教學觀察主張由授課教師自己決定教學觀察時鎖定的焦點問題、資料蒐集方法與工具，自己決定教學觀察三部曲的時間、地點，自己決定教學觀察相關的課程單元與班級情境，自己決定邀請哪些人員入班觀察與蒐集資料，且觀課者人數較少，自己主持教學觀察前／後的會談等。凡此種種，均由授課教師自主決定，一切都在自己的掌控中，授課教師自然可以感到比較自在。

更重要的是，TDO模式的教學觀察能更有機會「真正促進教師教學專業成長」。主要原因包括：

第一，相對於公開授課在學期之初由教師同儕協調預排未來數個月期間的教學觀察時間表，導致教學觀察變成一種義務，與授課教師教學問題的解決有所脫節。而在TDO教學觀察模式下，不受限於行政安排或他人需求，授課教師發覺教學問題時，即時啟動一輪教學觀察，沒有太大的時間落差，教學觀察有機會即時且及時的解決授課教師教學面臨的問題與需求。

第二，公開授課或一般教學觀察中，授課教師可能會挑選自己嫻熟的教學單元與內容，刻意展現優點，隱匿文飾其教學常態或缺點。而TDO教學觀察模式的授課教師，為求解決其教學問題，在教學觀察的授課中，會選擇其教學有困難或缺失所在，不會避諱展現出想要被觀察、記錄並蒐集的教學常態行為或問題，讓觀察者得以看見授課實況，如此將更有機會真正促進教師教學專業成長。

第三，相對於公開授課或一般教學觀察傾向做「全身健檢」般廣泛性的

觀察，TDO模式主張選定單一的焦點問題，對應焦點問題，配合選用適當的資料蒐集方法與工具，就像是針對「病灶」進行專門、專業性的診療，精準、深入且豐富的蒐集教師教學資料，可以對教師教學改善、問題解決或專業成長，提供更適切有效的訊息。

第四，透過行政協調安排、基於責任分攤而前來的觀察者，可能虛應故事、敷衍了事；TDO模式的教學觀察，觀察者受邀並負有特定任務入班觀察，帶有榮譽感、責任心，並清楚知悉自己應有的作為，因此會用較認真嚴謹、積極負責的態度與行為，來協助蒐集課堂教學客觀資料，並參與深度的回饋討論，對授課教師提供較大的幫助。

第五，相對於公開授課或某些教學觀察強調「共同備課」，TDO模式的教學觀察關注的是「觀察前會談」。依邏輯關係而言，教學觀察的前置作業，觀察前會談的重要性應該是高於共同備課。不強調「共同備課」，可以解決學校未必都能安排共同備課時間的問題，或者免除領域會議意圖兼顧共同備課，往往因議程眾多而造成共同備課流於形式、不了了之，同時也可以免除共同備課時間距離實際教學觀察時間太遠等問題（例如：每個月只於月初召開一次領域會議，同時舉行共備，但教學觀察在月底才進行，月初的共備將失去觀察前會談的效果）。

第六，TDO模式主張緊鄰教學觀察之前安排觀察前會談，告知觀察者教學脈絡、焦點問題，並且分派任務，告知資料蒐集方法，發給資料蒐集工具，乃至於釐清彼此的疑問等，如此可以使觀課者在認知清楚、記憶猶新的情況下，做更有效的教學觀察與資料蒐集。

第七，觀察前後的會談使用特定的題綱，能嚴謹的、結構性的引導討論。觀察前能系統性的討論觀察相關事項，為教學觀察奠定基礎；而觀察後能引導授課教師與觀察者進行專業且深入的回饋與討論，為教學觀察創造收穫與價值。

第八，在TDO模式的教學觀察下，授課教師不再是應付行政要求或者滿足他人需求，不再是「為觀察而觀察」或「為觀察而公開授課」，而是基於本身問題與需求而發動教學觀察，並能體會到教學觀察確實有助於自己解決教學問題。如此，將更有機會促使教師正向看待教學觀察，並且願意持續

實施，追求自己的教學專業成長。

三、教學輔導教師在TDO模式中的角色功能

　　教學輔導教師的職責在於協助夥伴教師教學專業成長。協助夥伴教師教學專業成長可以採取的方式很多，除了直接提供夥伴教師教學相關的輔導之外，如同教育領域所熟悉的「與其給學生魚吃，不如教學生如何釣魚」諺語，若能協助夥伴教師掌握某些教學專業成長的策略方法，達到未來即使沒有教學輔導教師在身旁，也還是能夠不斷進行自主性的專業成長，那將是更理想的目標。基於此，教學輔導教師嘗試引導夥伴教師認識並學會運用TDO模式的教學觀察，將是協助夥伴教師達到自主專業成長的可行途徑之一。

(一) 可能的角色

　　教學輔導教師若要引介TDO教學觀察模式給夥伴教師，協助夥伴教師認識並學習運用，其本身可以透過「實作示範者」、「解說者」、「資料提供者」、「被諮詢者」、「參與觀察者」或「教練」等幾種角色的扮演，來達到這項目標。

　　第一，實作示範者。教學輔導教師自己運用TDO模式發動教學觀察，促進自己教學專業再成長的同時，邀請夥伴教師全程在一旁觀摩見習，使夥伴教師透過教學輔導教師的實作示範，能對TDO模式的教學觀察有所認識。

　　第二，解說者。教學輔導教師以類似研習講師的角色，將TDO模式教學觀察的特色、步驟、運作注意事項，乃至於一些運作範例等，對夥伴教師進行講述解說，讓夥伴教師能夠認識TDO模式的教學觀察。

　　第三，資料提供者。教學輔導教師提供TDO模式教學觀察相關的書面或影音資料或資源，讓夥伴教師自行參閱。

　　第四，被諮詢者。教學輔導教師被動的接受夥伴教師前來諮詢TDO模式教學觀察相關疑惑問題，對其疑惑問題提供解答。

　　第五，參與觀察者。由夥伴教師發動TDO模式的教學觀察，而教學輔

導教師受邀擔任觀察者，在教學課堂觀察階段依約入班，使用夥伴教師（亦即授課教師）指定的資料蒐集方法、分發的觀察記錄工具，針對焦點問題，觀察並蒐集記錄資料；並在教學前、觀察後的會談中，參與夥伴教師主持的討論，讓夥伴教師得以順利完成TDO模式的教學觀察。

　　第六，教練。教學輔導教師參與夥伴教師TDO模式的教學觀察，但不擔任參與觀察者，而是以教練的角色，全程從旁觀察，必要時，即時給予輔導，最後並共同回顧、省思與檢討，以協助夥伴教師學習如何適當運作TDO模式的教學觀察。

　　前面的「實作示範者」、「解說者」、「資料提供者」、「被諮詢者」等四項角色，夥伴教師並未實際運用TDO模式的教學觀察，輔導焦點主要放在讓夥伴教師能夠「認識」、「了解」。而第五、六項「參與觀察者」、「教練」等角色，夥伴教師開始嘗試運作TDO模式的教學觀察，輔導焦點則主要是讓夥伴教師能夠累積實際運作的經驗，從而培養實際運作的知能，同時也獲得特定的教學專業成長。

　　在將TDO模式的教學觀察引介給夥伴教師時，前述的各種角色，教學輔導教師可以同時或依序擔任一種或多種角色。

(二) 教練角色的任務

　　前述第六項的「教練」角色，相對最能幫助夥伴教師從概念轉化為實際經驗與知能。基於此，以下依循TDO模式運作歷程，簡介教學輔導教師扮演「教練」角色，引導夥伴教師學習運用TDO模式的教學觀察時，對夥伴教師可以提供的協助。

1. 協助夥伴教師省思教學並提出焦點問題

　　如果要實施TDO模式的教學觀察，首先必須先產生問題意識，提出焦點問題；換言之，必須省思發掘自己教學或學生學習相關待解決或解答的問題，選定一項焦點問題，並用具體明確的問句表述，作為該次觀課的焦點。然而，夥伴教師在省思教學問題，以及提出與表述焦點問題上，可能會遭遇到困難，此時教學輔導教師即可給予協助。

　　關於問題意識的產生或焦點問題的提出，教學輔導教師可以引導夥伴教

師回想他自己有哪些最感困惑、好奇、且尚無答案的教學事項；或者，從學生端思考，例如：學生學習績效最低落、最常出現迷思概念之處為何；也可以引導夥伴教師從近期個人研習所學、學校／社群推動的教學革新事項，例如：十二年國教課綱素養導向的教學等來發想。只要是夥伴教師想知道、但是迄今未解決，而且該問題是無法在教學的同時自己蒐集相關資料、需要他人協助的，都可以成為焦點問題的來源。如果透過前述來源，夥伴教師一時之間仍然沒有想法，無法提出焦點問題，教學輔導教師可以鼓勵夥伴教師參閱教學相關書籍、或者教師專業發展規準等來發想。除此之外，教學輔導教師甚至也可以依據自己對夥伴教師的觀察了解，提出建議的焦點問題，供夥伴教師參考採用。

　　如果經過省思或討論，夥伴教師提出多項焦點問題，教學輔導教師則要引導夥伴教師針對這些焦點問題，進一步做優先順序的排定，選定優先順位第一的焦點問題，作為最近一輪TDO模式教學觀察的焦點問題。

　　選出特定、單一的焦點問題之後，焦點問題本身還要適當的敘寫，特別是要能具體的表述。具體表述才能讓自己、讓他人清楚知悉問題所在，以及應該蒐集怎樣的資料，同時有利於思考後續諸如資料蒐集方法與工具等問題。教學輔導教師可以檢視夥伴教師對焦點問題的敘寫，若發現有不夠具體的現象，則建議夥伴教師進一步改寫。

2. 協助夥伴教師選擇資料蒐集方法與工具

　　TDO模式強調透過教學觀察來蒐集課堂教與學的客觀資料，以期在事實證據的基礎上，來探討教師的教學問題與改進精進之道。既然要蒐集課堂資料，那麼在決定焦點問題之後，緊接著就要對應焦點問題，思考需要蒐集哪些客觀資料，並依據所需蒐集的資料，來選擇適用的資料蒐集方法與對應的工具。然而，夥伴教師對於焦點問題轉化為應蒐集哪些資料，以及教學觀察有哪些資料蒐集方法與工具，可能缺乏相關的知能，教學輔導教師在此一階段也可以發揮專業，提供適當的協助。

　　在應蒐集的課堂資料方面，焦點問題產生之後，即使敘述已然具體，但是夥伴教師仍未必能夠將焦點問題轉化為應蒐集的課堂資料。此時，教學輔

導教師可以使用類似蘇格拉底「產婆法」之反詰技術，透過一連串的問題引導，引導夥伴教師思考出對應焦點問題應該蒐集哪種或哪些課堂教或學相關資料。

在資料蒐集方法與工具方面，除了教學輔導教師直接提示適用的資料蒐集方法與工具之外，教學輔導教師更可以嘗試引導夥伴教師認識並學習選擇適用的方法與工具。依據Kaufman & Grimm（2013）的見解，資料蒐集方法不外乎抄錄法（scripting）、計算法（counting）、追蹤法（tracking）三大類，教學輔導教師可以先簡介每一類資料蒐集方法的特性與適用情境，然後引導夥伴教師辨認並挑選一種或多種適用的方法。

在夥伴教師挑選出適用的資料蒐集方法之後，教學輔導教師進一步提示該類資料蒐集方法可以選用的工具，例如：抄錄法有「選擇性逐字記錄」（selective verbatim）、「軼事紀錄」（anecdotal record）等工具；計算法有「在工作中」（at task）、「佛蘭德斯互動分析系統」（Flanders interaction analysis system）等工具；追蹤法則有「教師移動」（teacher movement）、「語言流動」（verbal flow）等工具。同樣的，教學輔導教師先簡介每一種資料蒐集工具的特性與適用情境，然後引導夥伴教師辨認並挑選適用的工具。現成的資料蒐集工具若不完全適用，教學輔導教師可以引導夥伴教師微調之，以符應實際需求。如果沒有現成可用的工具，教學輔導教師也可以引導夥伴教師嘗試自行設計所需的資料蒐集工具。

3. 協助推薦觀察者

TDO模式的教學觀察係由授課教師自行決定，並主動邀請適任的2-4位觀察者。夥伴教師對於可以邀請哪些人員擔任觀察者，可能面臨較多的困難。教學輔導教師可以發揮自己在對教學人力資源的理解，甚至是動用人脈關係，推薦若干觀察者給夥伴教師。

在推薦教學觀察者時，教學輔導教師主要應思考有哪些人可以協助夥伴教師蒐集焦點問題相關的教學資料，解答夥伴教師的焦點問題。在此前提下，可以廣泛的搜尋，包含相同學科領域或不同學科領域、相同年級或不同年級、任教同一班級或任教不同班級、資深或資淺的教師同儕，均可納入搜尋範圍；必要時，可以將學校行政主管、外校教師、家長等納入考慮。備選

人員名單提供給夥伴教師後，可以向夥伴教師介紹備選人員的簡要資料，經夥伴教師挑選排序後，由夥伴教師自行聯繫徵詢與邀請。若夥伴教師與某些備選的觀察者較不熟悉，教學輔導教師也可以協助引介。

　　由於TDO模式的教學觀察強調分派具體任務給觀察者，因此當觀察者已經邀請完成時，夥伴教師還是可能會面臨無法決定該如何分派任務給不同觀察者的問題。此時，教學輔導教師可以提示各個受邀觀察者的專長、特性等，然後請夥伴教師判斷並決定每一位觀課者，分別應該分派擔任哪些不同的資料蒐集任務。

4. 出席夥伴教師TDO模式的教學觀察三部曲

　　教學輔導教師擔任「教練」角色，雖然沒有擔任觀察者，但還是要出席夥伴教師TDO模式教學觀察三部曲的觀察前會談、觀察，以及觀察後回饋會談。由於不是擔任參與觀察者，因此主要工作並非參與，而是在於「側記」：側記教學觀察三部曲實際運作的情形，側記夥伴教師與觀察者在觀察前／後會談的互動，以及側記觀察者依據任務分派進行資料蒐集工作的情形等。側記本身也是一種觀察、一種資料蒐集，因此也要盡可能的蒐集並紀錄詳細、豐富與客觀的事實資料。

　　在教學觀察三部曲各個階段，教學輔導教師應該謹記TDO模式訴求授課教師主導，而且對於夥伴教師而言，現在的TDO模式歷程乃為一種實習、學習，因此即使發現問題，除非絕對必要，通常不急於評論糾正，更不宜反客為主、越俎代庖，介入授課或資料蒐集，或者變成觀察前／後會談的主持者。

5. 與夥伴教師回顧檢討TDO模式的運作歷程

　　在夥伴教師運作一輪TDO模式的教學觀察之後，教學輔導教師應儘速與夥伴教師一起檢視三部曲歷程側記所得資料，回顧並討論整個歷程與各種事項與細節，省思並決定未來若再次實施TDO模式教學觀察時，應該保持、注意或調整的事項。這個行動，相當於一種「後設認知」的學習，引導夥伴教師跳脫出自己運作TDO模式的脈絡，擺脫「不識廬山真面目，只緣身在此山中」的限制，與教學輔導教師一起處於較高的客觀層次，觀照並反

省自己的TDO模式運作經驗，從而獲得檢討過去、策勵未來的積極效益。

四、結語

　　促使教師終身落實教學專業的持續成長發展，從來就不是一件容易的事。如何把握新課綱公開授課相關規定的契機，引導教師自己從內部打開教室大門，透過觀課前、中、後三部曲的系統歷程，邀請教師同儕入班，藉由他們的眼睛、耳朵與經驗，合作性的協助蒐集課堂資料並給予回饋，促進彼此教學專業的學習成長，進而提升學生學習成效，值得教師予以正視。

　　目前的公開授課或一般教學觀察偏向行政主導或觀察者主導，雖然是不得不然的折衝，然而Kaufman、Grimm兩人提倡的TDO模式教學觀察，卻也告訴我們授課教師主導教學觀察的可能性。TDO模式與公開授課或一般的教學觀察有諸多相似之處，但在「主導者」、「觀課焦點、方法與工具」、「觀課者」與「實施歷程與細節」等面向上有若干不同的思考與做法，可以讓教師感到更簡便、更自在，同時也更有機會落實或提升公開授課或教學觀察的效益，引領教師邁向真正的教師專業發展，因此值得考慮將TDO的運作模式融入公開授課或一般的教學觀察。

　　教學輔導教師是教師同儕之間的領頭羊，可以透過扮演「實作示範者」、「解說者」、「資料提供者」、「被諮詢者」、「參與觀察者」或「教練」等角色，來引介TDO教學觀察模式給夥伴教師，引導夥伴教師認識並進一步學習使用這種教學觀察模式。

　　以「教練」角色而言，在觀察前準備階段，教學輔導教師可以協助夥伴教師省思教學並提出焦點問題、選擇資料蒐集方法與工具，以及推薦觀察者；在觀察三部曲階段，則是出席並側記運作歷程；最後與夥伴教師後設性的回顧檢討TDO模式的運作歷程，省思並決定未來再次實施TDO模式教學觀察時，應該保持、注意或調整的事項。若教學輔導教師能引導夥伴教師逐漸熟悉TDO模式的教學觀察，未來可以視需求，自主而獨立的發動教學觀察，以解決自己的教學問題，促進教學專業成長，乃至於養成終身為自己教學專業成長負責的態度與習慣，這應該也是教學輔導教師最期望看到的終極理想。

參考文獻

張民杰、賴光真（2019）。從教室內把大門打開：授課教師主導的教學觀察（TDO）。臺灣教育評論，**8**(7)，102-106。

教育部（2014）。十二年國民基本教育課程綱要總綱。臺北市：教育部。

賴光真、張民杰（2019）。授課教師主導的教學觀察（TDO）與公開授課的分析比較。臺灣教育評論，**8**(6)，73-80。

Kaufman, T. E. & Grimm, E. D. (2019)。**透明的教師——以同儕蒐集課堂資料精進教學**。（賴光真、賴文堅、葉坤靈、張民杰譯）。臺北市：五南圖書出版公司。（原著出版年：2013）

Kaufman, T. E. & Grimm, E. D. (2013). *The transparent teacher: Taking charge of your instruction with peer-collected classroom data.* San Francisco, CA: John Wiley & Sons, Inc.

第一篇

班級團體經營

案例 1-1

體育班教師的哀愁

關鍵詞：班級規範、師生溝通、帶班方式

一、夥伴教師的情境敘述

我的夥伴教師雖然已經擁有多年的教書經驗，但是先前服務的學校沒有設置體育班，並不了解國中體育班學生的生活和課堂作息。而他開學後第一次的上課，剛好就排在體育班專項訓練完畢之後，讓他遭逢到意料之外的困擾。

噹～噹～噹～噹～，上課鐘聲響起，夥伴教師邁開步伐進入教室準備上課，但看到的場景卻令他傻眼。儘管已經上課了，仍未吃早餐的學生不斷跑進跑出去買早餐、吃早餐；而訓練較晚結束的籃球隊員回到教室，也忙著發放他們籃球隊的早餐。全班為了早餐，一直無法安靜下來、坐好上課。

約莫七、八分鐘之後，夥伴教師才可以開始進行課程。夥伴教師採取分組學習、討論的方式上課，這些剛入學的體育班新生因為尚未習慣遵循上課的規矩，因此討論或回答時狀況混亂，不是討論時過於大聲聊天，就是搶答時無法專心聆聽他人回答，某一組報告時，部分其他組別卻仍然繼續談話。

課堂如此失控，讓夥伴教師甚為困惱，就開始管理秩序。沒想到，此時有些學生就直接趴下來睡覺。夥伴教師叫這些學生坐好上課，雖然學生都能抬起頭來，但臉上充滿不情願的表情。

夥伴教師認為整個課堂的上課氣氛欠佳，加上學生無法有效地進行討論，學習進度也被拖延。他也認為他當下的處理方式太過消極，想尋求更積極有效的方法來解決。

二、關鍵人物相關背景描述

　　體育班學生的組成以及生活作息，往往與普通班的學生不同。他們的課堂是九點二十五分第二節才開始，每天早上都要先接受很長時間的專項訓練。而且因為訓練的類別不同，起訖時間也不一樣，例如：籃球隊每天早上五點就要起床練球。

　　體育班的部分學生住在學校宿舍，有些學生住在自己家裡。但無論住校或住家裡，他們訓練之前大多未吃早餐，所以都是第一節訓練完畢之後才會用餐。

　　籃球隊有集體提供早餐，在練完球後發放，但其他運動項目的學生並沒有此項福利，所以必須各自前往合作社購買。

　　體育班的學生每天都太早起床，加上上課前已耗費掉很多體能，所以第二節開始上課時，會比較難以集中精神。

三、關鍵問題

　　夥伴教師亟待解決的關鍵問題，包括以下幾項：

　　1. 體育班學生因為早餐問題，遲遲無法在座位上安靜坐下，並專心上課。

　　2. 學生沒有接受過分組合作學習的訓練，導致討論時出現混亂，不知何時該討論，何時該安靜下來。

　　3. 學生因專心度與能力等因素，無法進行有效的討論，討論時出現失焦的狀況。

　　4. 夥伴教師對體育班學生的生活作息及學習能力欠缺了解。

四、教學輔導教師的建議和協助

　　1. 建議夥伴教師可以通融體育班學生在上課前都能先獲得早餐，並於第二節課堂正式開始前能吃完早餐。但為了課堂進度，還是可以與學生約定早餐應該在幾分鐘內安靜吃完。如果必要，教師也可以在學生享用早餐的同時，先不以討論或問答方式進行，而由教師先講述較困難或需要講解的內

容，讓學生能一邊安靜吃早餐，一邊聽課。

2. 體育班的學生並非每一位都擅長課業，再加上早上已經花了很長的時間進行訓練，因此建議夥伴教師在設計討論題目時，可以降低難度，或給予一些提示，或觀察班上是否有反應較快的學生，分置於各組中，讓他們可以協助促進分組討論。

3. 先與學生建立討論規則，使學生清楚知道何時可以討論，何時必須聆聽他人分享。此外，建議夥伴教師導入加分機制，除了回答者可以得分外，專心聆聽者也可以有分數。如果可以兼顧，細分成小組分數或個人分數，透過小組分數激發小組間的競爭動力，透過個人分數獎勵勇於發言者的表現。

4. 透過經驗分享輔導夥伴教師更快的進入狀況，特別是著重分析教導體育班時在各方面可能會面臨的問題。例如：學生參與校外比賽時，會有若干學生公假缺課；體育班的早自習、第一節、第七節之後均為專項訓練時間，且無多餘時間可以安排課外考試，考試必須在課堂進行；為建立體育班學生的學習信心，在考試題目上應儘量降低難度，以增強其學習動力與成就感。

五、事件結果或心得感想

1. 夥伴教師儘管已經教學多年，但在不同學校仍有可能會遇到不同的教學問題。幸好他在第一次上課時就能發現狀況，並且非常積極主動的立即提出來討論。而了解體育班學生的特殊性之後，也能修改授課方式，落實差異化的教學。這點提醒了我們，學生的組成並不會每年都相同，身為老師的我們，不管是夥伴教師或是教學輔導教師，教學時應該隨時保持彈性，並經常停下來關注學生在學習上是否遇到了問題或瓶頸，不要只是盡責地把課程授課完畢就好，這正好呼應了「教會比教完更重要」的精神。

2. 教學輔導教師自己也多次任教體育班，每一屆體育班的組成差異都很大。儘管體育班大多數學生以運動訓練作為前來學校學習的重心，但他們的學習若只是專注在運動技能上，沒有其他知識或能力，也會對他們未來的升學或社會工作的適應，產生不利影響，因此，不應該因為他們是體育專長

的學生，就讓他們對課業自我放棄，在授課時就降低品質水準。而在教導這些比較特殊班別的學生時，也在考驗老師課程設計的功力，要力求透過不一樣的教學方式，讓學生也能夠學會。當然，當遭遇到教學困境時，及時的與其他老師討論、交流，分享彼此的經驗，都可以有助問題的改善與解決。

案例回饋

回饋（一）

　　案例中，夥伴教師第一次任教體育班，不太了解體育班學生的生活作息及學習能力，致使在課程教學與班級經營上面臨一些困擾，例如：如何使學生能專心上課？學生在分組討論時如何能更有效率等？針對夥伴教師的困擾，教學輔導教師提出了一些不錯的建議，例如：與學生約定好吃早餐的時間限制，討論題目的設計可以降低難度或給予提示，並且可以與學生先建立討論規則及導入加分機制等。除了教學輔導教師提供的上述建議之外，針對體育班學生的學習及管理，茲提供下列的幾點看法：

　　1. 體育班學生的作息時間與普通班學生本來就有差異，所以學校行政可以在每學年開學前召開體育班任課教師會議，使任教體育班的老師能了解體育班學生的學習特性、相關作息時間及運作模式；另外如何配合學生賽季，實施補課機制及相關的學習評量等。在這個會議中，也可以邀請有任教體育班經驗的老師，分享體育班的課程教學及班級經營經驗。

　　2. 因為體育班學生的平常練習及比賽時間，會使其課業學習時間相對變少，因此也可以請學校與體育班學生家長取得共識，為學生提供課後補救教學。

　　3. 為了解體育班學生的學習過程與成效，應使用多元的學習評量方式。任課教師或教練應依據學習評量結果與分析，診斷學生的學習狀態，據以調整教材教法與教學進度，並提供不同需求的學習輔導。

　　4. 學生因早餐導致上課秩序混亂，可以由學校體育組或體育班導師協助學生統一訂購早餐，才不會讓學生因為各自去買早餐而耽誤了上課時間。如果學生下課時來不及吃早餐，為了滿足學生最基本的生理需求，任課老師

可與學生協商，同意他們在上課時吃早餐，但必須在一定時間內吃完。

5. 夥伴教師在上課時如果要讓學生分組討論，可以先教導學生有關分組討論的一些規則及注意事項，使學生能清楚知道在分組討論時該有的行為表現，甚至在說明分組討論的方式時，也可以讓學生先進行模擬演練。

6. 班規的制定是班級經營中很重要的一環，因此建議任課教師能與體育班導師合作，並和學生溝通討論，明確訂定班級學生必須共同遵守的規範。

7. 教練是體育班學生的重要他人，所以建議體育班的老師能與教練建立溝通管道，並保持聯繫。當體育班學生無法達成任課老師的要求時，有時透過教練來協助與要求，效果可能會更好。

8. 任教體育班的老師應該適時鼓勵體育班學生，除了在運動場上要爭取最佳表現及成績外，對於課業也要積極努力，期望學生成為文武兼備之人。

回饋 (二)

體育班是異質性相當高的班級，包含學生來源、球隊屬性、生活與課堂作息、學習動機和成就等，都異於一般普通班級。對導師或任課老師而言，如何讓體育班學生在品格、學業和技能三者之間兼顧平衡，乃是極大的挑戰。

案例中可以看到，因為各運動團隊對於早餐的處理方式不同，導致任課老師無法準時上課。又因為學生必須一大早進行體能訓練，體力耗損，導致上課時趴睡情形屢見不鮮。而老師採取分組學習方式上課，學生未能好好討論，學習失控，都是可以理解的現象。

教學輔導教師提出的早餐處理方法、差異化教學、加分增強機制、建立討論規則等，均是良策。尤其文中提及「教會比教完更重要」的理念，筆者深表贊同。此外，筆者認為，因為體育班屬性特殊，其生活作息、課程與教學安排、學習激勵、球隊與專長訓練等，應該由行政主導，成立教學團隊同步運作。如此，對教練、老師和學生都會有極大的助益。以下幾點建議提供參考：

1. 定期召開體育班任課教師和家長會議

(1) 開學初召開體育班任課教師會議，由行政主導，成員包含行政人員、導師、各科任課老師和專任教練。會議中，應該說明體育班成立的目的、生活作息、課業安排及專長訓練等，然後就其他事務，例如：上課規則、早午餐及點心、教學方式、班級經營、教學設計、評量方式、配合各種賽程之補課機制等，充分溝通，形成共識。

(2) 期中再次召開會議，針對教學現況，做必要的調整與修正。

(3) 期初或期末召開體育班家長會議，會議中針對學生生活品行、學習課業、訓練經費、資源支持等，與家長充分溝通，並請家長和學校共同合作教導學生。

2. 與專任教練和導師等體育班靈魂人物充分合作

專任教練是體育班學生最信賴的重要他人，導師、任課老師若能和專任教練緊密結合，將有助於常規要求和績效管理。而導師要扮演親師生及教練之間的溝通橋梁，建立良好班級文化，時時掌握學生狀況，給予積極無條件的關照和愛護。案例中的早餐問題，就可以由導師和學生共商，例如：事前向合作社預訂早餐，派代表領取；或者協商專長訓練時間能提前10分鐘下課，讓學生享用早餐；或者與任課老師協商，請其允許上課開始的最初5-10分鐘，可以讓學生一面用餐、一面聽課等。訂定規則並和學生充分溝通後，則要督導學生貫徹執行。

3. 任課老師要掌握體育班學生的異質性，進行差異化教學和評量

體育班學生著重運動專長訓練，學業學習動機普遍不強，因此任課老師引發學生學習動機相對變得非常重要。任課教師可以使用「典範學習」策略，讓學生了解學業的重要。此外，任課老師要強化教學設計，從學生有興趣的議題著手，例如：案例中的夥伴教師是地理老師，教學設計可以多和日常生活經驗結合，充分運用媒體。引發學生學習動機後，然後訂定合宜的討論主題，從大班討論→兩兩討論→分組討論，逐步訓練，並適時增強（例如：加分、小禮物、口頭讚美等），以提高學習成效。至於評量方式，則不限於紙筆測驗，實作發表、參與活動、小組活動、小組討論等多元方式，均

可適當加以運用。

一般人常以「頭腦簡單、四肢發達」來形容體育班的學生，筆者深不以為然。體育班學生除了學業學習之外，還要多花許多體力、心力與時間在運動專長訓練和競賽上，他們的協調性、專注力、堅毅力、爆發力與忍耐力異於常人，更需要靈活的頭腦，才能瞬間反應，運籌帷幄，做出正確決定。因此，教師要拋棄對體育班學生的偏見，對他們有較高的抱負水準和期望，並和導師與專任教練密切合作，建立學生的信心，激發學生的潛能，提供他們生理、心理和課業必要的協助，做學生最大的後盾，以提高學生的自我效能。

案例中，夥伴教師和教學輔導教師「不放棄任何學生」的用心和熱情，值得肯定和欽佩。

案例 1-2

逆轉學生轉學危機

關鍵詞：帶班方式、師生溝通、親師溝通、轉學

一、夥伴教師的情境敘述

夥伴教師在上課時，與學生談到轉學相關議題，一名女生舉手說：「我媽媽要幫我轉學。」接著連續有4位學生也說他們要轉學。夥伴教師細問了實情與原因，發現學生所言確有其事。

夥伴教師全班13位學生，有5位想轉學，若真的接二連三轉學，恐怕會引起不可收拾的後果，這讓夥伴教師頓時感到非常緊張。

其實，在此之前，校長就已發現夥伴教師的班級經營與親師溝通有些問題，先前就曾有一兩位家長向校長反映過。

在班級經營上，夥伴教師上課時經常無法掌控學生秩序，他無法關照到全體學生在課堂上的動態，只能與單一或少數學生互動，有些調皮或好動的學生就會藉此機會吵鬧、走動，或者做出不守秩序的行為。有時候，學生甚至還會發生糾紛。

據了解，家長覺得老師一整個學期都在辦活動，好像都沒有努力在教學上。給學生的功課太多，使得學生必須寫到很晚。還有家長反映：「老師對於家長協助調查班上學生糾紛的事，不但不感謝，還說家長說錯、家長亂說。」

學生對夥伴教師則提出他指派的功課很多，寫了又寫，要寫很久。學生也覺得老師很囉嗦，很愛管他們。此外，學生還覺得老師處理同學間的糾紛不公平，所以遇到事情不會報告老師，自己私下解決，結果學生糾紛就更難

處理。

　　學校同仁或者行政主管基本上肯定夥伴教師具有教學熱忱，教學風格活潑多元，也有很多創意與點子，積極進取，常常利用時間參加教師成長相關的校外研習，對於學校行政也高度願意配合。但是，行政巡堂或是有上他班級的科任課同仁也觀察到，夥伴教師的班級混亂，秩序不好，上課聲響太大，影響隔壁班上課，學生的規矩與禮貌也不好，會罵髒話……。至於夥伴教師與家長溝通，常常會造成家長的誤解而達到反效果，可是也有一些家長是支持夥伴教師的，認為他很認真。

　　校長與教導主任目前正商量著要如何告訴夥伴教師，新學期打算把他換為擔任科任老師，不再帶班。恰好夥伴教師也意識到問題的嚴重性，立刻將訊息告知教導主任，希望行政端可以幫忙解決這個緊急狀況。

二、關鍵人物相關背景描述

　　1. 夥伴教師人格特質：夥伴教師是脾氣很好的老師，教學認真，對學生也很好，可是學生不太喜歡他，家長對他也有微詞。夥伴教師在學校，對任何事務的配合度都很高，也樂意幫同事的忙，在同儕間人緣頗佳。

　　2. 家長背景：學生家長重視子女的學業成績，關心並且熱心參與學校事務。

三、關鍵問題

　　行政端與夥伴教師應如何通力合作，化解學生集體轉學的危機？

四、教學輔導教師的建議和協助

　　1. 建議

　　(1) 班級經營的規劃要有條理、清楚，抓住大方向，不要太瑣碎，不然有時候連老師自己都弄不清楚了，學生如何遵守。

　　(2) 已經訂定的班規要落實而且要追蹤，不然學生容易鑽漏洞。

　　(3) 教師指派回家功課要適量。雖然老師想讓學生多學是好意，可是也

要考量學生的年級與能力。

(4)教師對於班級人、事、物的覺察力要再提升，才能掌控全局與秩序。

(5)與家長溝通儘量當面說或打電話。因為是要溝通，擔心說不清楚，所以不建議使用聯絡簿或用LINE留言，以免造成誤解。

(6)要多發現學生優點並加以稱讚，營造溫馨和諧的班級氛圍。

2. 實際協助情形

(1)針對要轉學的學生家長，行政人員一個一個打電話去慰問了解，詢問對學校有哪些建議，或是有哪些負面觀感、需要做修正的事項。結果其中1位家長確定想要轉學，4位家長則在考慮中。行政人員於是針對考慮中的家長想盡辦法、努力慰留，並承諾會協助夥伴教師改進缺失，而那一位確定要轉學的家長，當他來學校接學生回家時，行政人員請他到校長室溝通，家長感受到學校認真又有誠意的在處理這件事，因此答應先不轉學。

(2)校長指派教導主任入班協助夥伴教師班級經營，小從聯絡簿的書寫批閱，大到學生糾紛處理，歷經一個月，慢慢把班級穩定下來，教導主任才慢慢抽離該班，漸漸放手讓夥伴教師完全接手，最後終於安全度過一學期。

五、事件結果或心得感想

這個事件最後靠著行政端與老師端的互助互信，合力把5位學生轉學的危機加以化解。

對於這個事件，擔任教學輔導教師的我省思發現，夥伴教師在班級經營與親師溝通上的問題，與其人格特質和個性有關。我後續與夥伴教師多所接觸之後，較能理解學生與家長為什麼會對其產生反感，但這部分是人與人相處互動過程中微妙的關係互動，只有當事者有自覺力，覺察到自己的盲點，不然的話很難改善，只能用其他方法加以疏導。

事後，校內自辦的國語、數學能力檢測，夥伴教師的班級成績是全校最好的，由此可見，夥伴教師的教學成效優良，只是在人際互動關係中有些盲點。

夥伴教師沒有被這次的挫折給打倒，仍是一位具有教學熱忱、個性開朗、積極進取、樂於進修學習的老師，而且他仍希望自己精進再精進，具有終身學習的精神。所以，這次邀請他擔任我的夥伴教師，他爽快的答應了。我非常感謝他的參與，讓我也從中獲益良多。

案例回饋

回饋 (一)

生活在充滿聲光刺激環境中的國小學生，注意力常受到外來事物干擾而分散，不易在課堂中安靜下來專注聽講，教室裡可能出現各式各樣不守秩序的行為，少數好動的學生甚至會藉機離開座位走動。夥伴教師教學認真，但無法有效掌控學生上課秩序，班級經營能力受到學生家長及學校行政人員的質疑。因此，改變教學方法並暢通親師溝通管道，即是此刻需要面對的重要課題。

夥伴教師任教的科目涵蓋音樂、體育、社會及美勞等，除了社會科外，其餘三個皆屬於藝能學科，備課壓力相當沉重。惟其教學風格活潑多元，有很多的創意點子，所以可能設計比較多的活動式課程，讓家長覺得老師一整學期都在辦活動。夥伴教師如果能主動向班上13位學生的所有家長，清楚說明自己的教學方式及內容，也許有機會化解家長心中的疑慮。

同時，教學輔導教師可以協助夥伴教師設計精彩有趣的課程，提供符合學生能力的學習挑戰，來吸引學生的目光，讓他們專注於學習，並獲得即時的回饋。當正向、有樂趣的學習氛圍被塑造出來，學生經歷有意義的主動學習，得到了滿足及成就感，甚至願意課後在家分享給家長，夥伴教師便有機會找回家長的信心，避免日後再被貼上「沒有努力在教學」的標籤，真正逆轉學生轉學危機。

此外，夥伴教師在課堂上發現有5位學生可能會轉學，除了立即將訊息告知教導主任，尋求行政單位的支援外，當日下班後如果能電話聯繫這幾位學生的家長，溝通彼此對於學校教育的想法，或擇期進行家訪，與家長面對面懇談，讓家長體會到教師的用心，也許家長就能放心，而不再考慮將孩子

轉學。

　　本案例中，校長曾指派教導主任入班協助夥伴教師班級經營，並介入聯絡簿的書寫批閱及學生糾紛的處理，歷經一個月的時間，這對於夥伴教師的教學與生活必定造成不小的衝擊，自信心可能因此受到影響，甚至失去面對挫折的勇氣。班級經營的核心思維雖然是以學生為主體，但教師的心靈與生命力仍需要被關照，教學輔導教師或教導主任如果可以針對課堂教學、學生輔導或親師溝通等，提供夥伴教師諮詢及回饋，並採取漸進式且較為溫暖的方式陪伴指導，相信可以協助夥伴教師持續精進，讓其在專業成長的過程中感受到學校同仁溫馨的關懷。

回饋（二）

　　從案例中看到導師與行政人員通力合作，解決可能發生的集體轉學危機，也看到教學輔導教師與夥伴教師的同路偕行、共同成長。個人針對本案例，提出幾點回饋。

1. 建立親師信任關係與暢通溝通管道的重要性

　　案例中的夥伴教師應該是頗具創意且教學認真的老師，同時也重視學生的學習成效，因此教學方法多元活潑，設計了許多活動課程，也安排了許多課後練習，協助學生達成精熟學習。最後校內的學力檢測結果，夥伴教師的教學成效得到肯定。

　　但老師初期的努力並沒有獲得家長與學生的認同，易言之，家長和學生並沒有體會到老師的用心。其實，每學期期初的親師座談會是親師建立互動關係的重要契機，老師可以利用這樣的機會，讓家長了解自己的班級經營策略、教學要求，以及需要家長配合的地方，也可以安排班級任課教師向家長說明本學期的教學計畫及安排的活動，若家長有疑惑，彼此可以當面溝通，建立良好的互動基礎與日後意見溝通的管道。

　　當家長抱怨導師活動太多、沒有努力教學時，老師應該重視家長意見，耐心向家長說明這些活動與教學的關聯性，以獲得家長的支持。老師也應該重視家長與學生的聲音，課後練習是穩固學生學習的重要學習，若知悉多數

家長與學生反映作業太多,建議老師應主動回應家長及學生,必要時進行調整。另外,老師有新的班級經營或教學計畫也可以透過「給家長的一封信」向家長說明,並請家長給予回饋意見,建立親師合作的關係。

2. 課程教學與班級經營並重

案例中的夥伴教師對於課程設計與教學均十分用心,但課堂秩序管理不佳,課堂混亂吵雜,甚至影響其他班級。一堂課的有效教學應該包含良好的課程設計、教學策略、評量及班級經營,案例中,老師因為缺少良好的師生互動及班級經營,導致無法受到家長與學校的支持與認同。夥伴教師除了邀請教學輔導教師進班觀課,提供改進意見外,也可以錄下自己上課的影像,找出自己可以修正的地方,或者參考其他班級的課堂規範,進入其他班級觀摩師生互動模式。多方努力,重新建立自己的教學模式與課堂規範。

3. 營造良好的班級氛圍

身為老師(尤其是導師)應儘量避免「上課來人、下課走人」,可以利用下課時間與學生閒聊,或在教室一角觀察學生之間的互動。藉由陪伴,與學生建立互動互信的良好關係。

4. 老師持續成長是學生之福

案例中,夥伴教師因為班級經營與親師溝通不良,被學校行政部門由導師調轉為科任教師,筆者認為此舉有值得討論之處。雖然夥伴教師明顯存在有需要調整的地方,但該教師平時高度配合學校工作,且願意接受學校的輔導建議,改變自己,之後與學校通力合作,讓班級運作步入正軌。因此學期結束後,是否有必要改調為科任教師,實有討論的空間。事件中令人欣慰的是:夥伴教師願意接受自己的不足,也願意改變,雖然遭遇挫折,但沒有自我感覺良好,也沒有畏縮,非常值得讚賞。老師願意承認不足、願意成長,乃是學生之福。

現在是一個親師合作的時代,老師除了認真教學、認真帶班,也要重視親師溝通,更要重視在課堂內外的師生關係,多一些陪伴、多一些關心,讓家長與孩子能懂你的心。

案例 1-3

炸了開來的壓力鍋

> 關鍵詞：師生溝通、團體動力、學生同儕衝突、任務指派

一、夥伴教師的情境敘述

夥伴教師在本校任職已有十年以上，她有多年的教學經驗，也有機會接觸學校行政工作，算得上是資歷經驗相當完整。

本校社會科總共有20位正式教師，在導師輪替制度下，夥伴教師已有多年沒有擔任導師職務，因此工作焦點比較偏向在學科領域的教學。未料，高二某班的導師因為婚假緣故，學校委請夥伴教師自三月下旬開始，暫代該班導師職務。

夥伴教師雖然任教該班的地理課，但對該班同學並不完全熟悉，也無法立即掌握每位同學在班級中的角色與定位。對此，夥伴教師有些小擔心。

高二下學期的重大活動是「班級表演」，其中一項是話劇演出，另一項是畢旅晚會演出。夥伴教師感覺到班上隱藏著某種沉默的緊張，「好像地理學上暴風雨前的氣壓盤旋」一般。找了幾個同學來問，大家都沒有特別說些什麼。但是，在春假結束後，這個班級壓力鍋終於炸了開來。

班上的問題癥結主要是對於這兩項班級活動，有些同學辛苦，有些同學輕鬆，有人光說不練，也有同學想幫忙但不得其門而入，還有一些同學一直要更換表演主題。夥伴教師發現大家並沒有利用春假時間好好練習，而是在吵鬧中度過。因為這樣的爭吵，夥伴教師覺得自己在上地理課時，課堂氣氛詭譎凝重，幾乎讓她無法承受。

二、關鍵人物相關背景描述

1. 夥伴教師雖然算是有資歷的教師，但是久未參與導師工作，而且這一班又是臨時代導，班級經營可謂是從零開始。

2. 該班有一小群個性較為外放的意見領袖（稱為小組A），多為康輔性社團的成員或幹部，所以在班級活動上常常處於領導者的角色，有時會某種程度的將自己社團中的氛圍與強勢帶到班上。

3. 班上有另外一個人數較多團體（稱為小組B），個性相對較為內斂文靜。他們也都有心參與班務，多半時候都是配合小組A，然而這次的表演活動，從演出類型、選角、呈現方式等，都與小組A的意見明顯不一致。

4. 班上其他同學對於班級表演活動完全沒意見、不參與，只願等著工作分配到自己頭上來。但是現在班級內意見分歧，他們也很難配合，大家無所事事。

三、關鍵問題

在有限的短時間內，要如何建立班級領導核心，凝聚向心力，提升團隊精神，並且統整同學們的意見，達成班級表演活動的共識？

四、教學輔導教師的建議和協助

1. 先與輔導室老師聯繫了解班級學生基本資料與狀況，較能掌握每位同學的屬性與個別特殊才能。

2. 向資深與有經驗的教師尋求協助與建議

(1) 班級經營工作絕非一蹴可幾，有時需要較長時間的磨合。但是在目前時間極其有限的情況下，主動向資深教師請教經驗、尋求協助，勢必可以減少自己摸索、撞牆的窘境。資深教師也許並非萬能，但他們積累的經驗確實能避免我們犯了重蹈覆轍的錯誤。

(2) 就班級表演活動而言，有經驗的老師都明白「肉粽」理論，找出一個頭，牽起來就是一串。因此，在班級中先找到可牽起的頭，確認哪位或哪些學生是具有正面影響力的意見領袖，那麼接下來的任務分派就會比較容易

了。

(3) 有意願或有膽識站在舞臺上表演，其實也需要勇氣與天分，而每位學生「動」、「靜」各有所屬。因此，表演活動的任務可以大致分為幕前、幕後，分別適才適任。這樣，某些學生就不必擔心失去展現的機會，某些學生就不必擔心自己不敢上臺，而失去為班上效力的機會。有時候，學生在舞臺上即使只是飾演一棵樹，也是為全班共同的榮耀在努力。

3. 班級同學意見開誠布公

(1) 老師可以先分別與小組A及小組B的學生討論，交換意見，明白雙方關注的焦點為何？意見落差有多大？

(2) 利用班會時間，全班針對「表演活動」議題，寫下自己的看法，例如：表演的類型、可用的資源、適切的練習時間、大家預期的目標等，一次只討論一個主題。如果就表演類型來說，每位同學寫下自己的想法，然後把最多人共同關注的主題留下來，依此類推。在第一時間無須營造只能有一種聲音的氛圍，但是在共識決之下，讓最大公約數逐漸成形。其後，大家要為留在黑板上的意見全力以赴。

(3) 影響班級團結的因素不是一小群、一小群的A、B或C，而是大家不願表達意見，只在心裡隨便猜測。每個人都為班級好，但做出來的效果適得其反，把大家的美意都抵銷了。

(4) 每個人若都清楚知道自己可以為班上做些什麼，活動領導者也就能看到大家所在的位置。活動有了核心主軸，自然能呈現全班一心的精神，這也就是一班懸念之所在。

五、事件結果或心得感想

四月中旬話劇表演競賽成績揭曉，該班在全年段中，得到最佳女主角及最佳服裝造型雙料大獎。夥伴教師臉上浮現的表情，比該班剛度完蜜月回來的班導還要激動。可愛的學生來辦公室謝謝代理導師，同時也說對畢旅晚會的表演活動深具信心。現在這個班，總算有一個班的樣子了。

用心是成功的不二法門。每位教師都無法預知可能會接到哪一種學生、哪一種班級，要將每一位個別獨特的學生摶揉成一個成形的班級，「心」在

不在最重要。有句話說「好的班級領袖讓導師上天堂」，其實另一個關鍵也在於班級領袖、學生與導師是否能同心，是否能對班級目標有一致的共識。

　　每位有經驗的老師都是從第一年「新兵入伍」起算。所謂「他山之石可以攻錯」，經驗的累積將減少轉錯彎的機率，因此可以善用他人的經驗，作為邁向正確道路的踏階。雖說代理導師的時間通常不長，但是班級事務一樣也沒減少。記取這次經驗，可以作為下一次接任導師職務的參考。

　　教師要設法找出班級內的領導者。這些班級幹部或意見領袖常常可以成為班導的左右手，扮演班級事務的骨梁，與導師共同發揮相加相乘效果。

　　當初在與夥伴教師討論時，她對要不要讓全班達成共識決定班級表演活動陷入猶豫。我向夥伴教師說「大家都會關心自己的事情」，因此夥伴教師與 A、B 兩小組交換意見後，隨即在班會時間進行前述的目標聚焦活動，很快找到「粽子的頭」，順利完成班級活動。

　　願意溝通是善循環的開始。師生都應該明白「溝通並非完全複製，而是縮短距離，促進彼此交集的軸心」。導師可以借力使力，讓班上同學彼此分享意見、相互討論，使班級事務轉化成班級內「每個人的事」，當然前提是全體師生必須願意坦誠往共同的目標邁進。

案例回饋

回饋 (一)

　　夥伴教師代理「婚假」的導師，在三月下旬到四月中旬短時間內，就帶領「話劇比賽」榮獲最佳女主角及最佳服裝造型雙料大獎。期間雖歷經小團體意見不合及同學態度冷漠的危機，但是在教學輔導教師的協助下，迅速步上軌道並榮獲佳績，足見夥伴教師的用心與具備班級經營的潛力，未來必然會是一位相當優秀的導師。

　　本案例中關鍵問題的主要原因是：1.夥伴教師未能充分了解學生和掌握班級文化；2.辦理班級活動（例如：話劇演出），事先未能充分溝通，凝聚共識，因此無法產生動能；3.班級成員小團體林立、意見不合，團體動力不強。

教學輔導教師提出與輔導室聯繫、掌握學生特性、向資深教師請教和尋求協助，以及與班級同學開誠布公討論，並與A、B兩小組成員交換意見，利用班會建立共識等策略，均相當可行。其實，夥伴教師若能事先有計畫的帶領，相信必能事半功倍。以下提出幾點建議供大家參考：

1. 夥伴教師代理導師前應先充分認識學生，了解班級文化

雖然夥伴教師也是該班的地理老師，但是對學生和班級文化的理解並不深。因此，夥伴教師代理導師前可以請教原班導師，了解學生屬性、班級文化以及班際競賽活動的處理模式。

2. 透過民主討論溝通模式，進行班際競賽活動的前置作業

以「話劇演出」為例，可以先透過班會或其他集合時間，全班一起腦力激盪，討論表演主題、撰寫劇本、分配工作、安排演員、準備服裝道具、約定排練時間進度等，每人依專長各司其職。當團體有了共同目標時，就自然會願意承擔責任，同心協力一起努力。

3. 善用幹部和意見領袖，與導師齊心創造積極正向能量

擒賊先擒王，導師可以賦予意見領袖和幹部一定的尊重和權力，並適時給予激勵和指導，提供最大支援，必能與自己共同產生積極正向之動能。

Redl & Wattenberg 所提出的「團體動力」班級經營模式，指出團體能夠透過某些人或活動，創造出心理動力，進而影響團體中的個人行為。導師進行班級經營時，要先掌握班級學生特性，透過良好的溝通、持續的互動，時時讓學生專注聆聽和表達感受，自然會營造正向積極的班級動能，願意為班級投入心力、承擔責任、共同進步。

回饋（二）

「愛與榜樣」是成功教師的座右銘。而在班級經營當中，「用心經營」與「力行實踐」更是成功的關鍵。

擔任班級代理導師，承接原導師的職責，肩負起帶領班級向前行的重責大任，往往是一項大挑戰。因此，接手班級經營的過程中，應該把握一些重要步驟與原則，相信「有最好的準備，便有最好的展現」。就像棒球場上，

一個做好充分準備的救援投手，能臨危不亂，化危機為轉機。此外，透過適度的協作與經驗傳承，也可以讓事情做得更好，圓滿完成使命。以下有幾點帶班（或代班）的原則提供參考：

1. 運用「了解與掌握」原則

在中學階段接任代理導師，首先面對的是教師自身角色的轉換與教學工作時間的調整，必須由原先班上的任課教師或代理教師的心情，轉變為「導師+班級授課教師」的雙重身分。除了必須積極與原導師交接相關代班的資訊，以及查閱學校相關處室資料（包括班級學生特質，以及班級事務、班級情況），充分了解代理期間班級相關活動的規劃與準備，同時也必須能掌握班上（幹部、整潔、秩序等）分工負責情形，甚至是班級規範與親師生聯絡溝通的方式。必要時，還需要與重要班級幹部及班上意見領袖進行進一步的晤談，隨時獲得班上的重要訊息及真實情況，以便能及時協助班級活動順利進行。

2. 執行「溝通與協助」的策略

代理導師在面對班級重要活動時，除了尊重相關活動原先的規劃與準備外，必要時也要了解其中執行的進度與困難點，透過與原班級導師的溝通協調，或藉助與同年級其他導師或資深教師的諮詢與協作，積極支持班級相關活動，例如：分配經費、協調練習時間與場地、改良演出內容與方式等。特別是可以透過班會時間討論活動執行的困難點，溝通意見，或利用班級問卷，調查同學的個別意見。透過這些民主程序，加上班級幹部的協助，以及與班上不同群體的意見領袖個別溝通與協調，積極整合班級相關建議，運用班級各有所長的人力資源，分工合作、分層負責，凝聚班級成員的團隊向心力，共同帶領班級繼續運行。

3. 提供「建議與陪伴」的協作

代理導師的責任是透過適度的輔導與帶領，讓班級持續運作往更好的方向發展。代理期間應該明白，在班級活動執行遭遇困難時，「必須奠基在原先班級經營風格的基石上，適度進行轉化，才能將阻力降到最低，最後改善與問題解決」，並有效維持班級運作，符合長期經營的目標。

　　重要的是，必須讓每位班級成員願意往共同的目標邁進。必要時，可以透過與班級幹部共同分析目前活動方案執行的優缺點，透過班會公開討論方案的改良建議，並且研擬出班級多數人可以接受的「可行性方案」。

　　當然任何方案的執行，有陽光面，就會有陰影面。在改良方案執行期間必然有一些同學無法認同或接受，此時更需要代理導師發揮實質影響力，透過同儕共同協助，放下身段，給予愛與陪伴，以同理心持續傾聽與積極溝通，讓班級活動能在團隊合作與異中求同的狀況下，順利完成活動的準備與執行，並讓原班級導師接續開展下個班級活動時，能有好的開始。

　　「認真投入才能深入，積極付出才能傑出」。在代理導師期間，必須「傾聽與溝通」、「支持與協作」及「陪伴與付出」等。更重要的，隨時與原班級導師保持密切溝通，轉知班級重要活動準備情形與問題解決方案，尊重原班級導師的建議，時時刻刻了解班級同學心聲，相信必能順利執行代理班級經營期間的任務，享受教育生涯中的一段美好！

案例 1-4

北漂教師的英劇換角風波

關鍵詞：團隊精神、事務分派、親師溝通

一、夥伴教師的情境敘述

輔導教師與夥伴教師本質上是互為主體的亦師亦友關係，彼此從事件中學習並成長。所以，以輔導教師的身分進入夥伴教師的教室時，是來學習觀摩，而不是來對夥伴教師指手畫腳，告訴老師可以或應該怎麼做。說句實話，我的夥伴教師，因為對原則的堅持，她的班級經營比我強許多。因此，我僅適合以朋友的角色，引導夥伴教師發現不同視野所看的風景，並自行決定該如何處理，就如同以循循善誘的方式引導想退出的學生一般，嘗試接受英語讀者劇場中的角色分配，進而好好發揮。

夥伴教師為臺南人，與我這位輔導教師同一年進入學校。當時她的孩子快要出生了，而我則是剛生下孩子，兩人因為有這些共同處，因此有多一分的革命情感，更因為一起參與教師專業發展認證而逐漸熟識。進入學校第二年，我進入英語領域，陪同夥伴教師申請教師專業發展初階認證；而第三年，夥伴教師陪我完成教學輔導教師的認證。

夥伴教師代課期間皆為英語科任，雖然年紀比我小，但英語教學經驗豐富。夥伴教師的兒子從小由臺南娘家照顧，她假日還唸研究所，平日一人獨自在臺中上班，非常想回到臺南陪小孩。然而想要調回臺南的老師眾多，調動成功與否不只靠分數高低，還要有運氣。

指導英語競賽是英語老師的重要工作之一，今年輪到夥伴教師指導英語讀者劇場。從劇本的挑選及編寫、學生的選擇及培訓，每一步驟幾乎都

是耗時費力。夥伴教師挑選並改寫劇本〈The Wise Men〉，融入歌謠及合唱（chorus）元素，從上學期就開始陸續準備這個下學期舉辦的比賽。去年的比賽，學校有得獎，學生對比賽結果有著高度期待。夥伴教師在上學期學期末就給有潛力的學生講稿，讓學生利用寒假先閱讀熟悉講稿，然後再從訓練過程中，幫每位學生選擇各自最能發揮的角色。

參與演出的6名學生分別來自五個不同的班級，其中僅有2位是同一班。由於學生來自不同班級，所以在融入角色時，大家都放不開。小花是唯一的女生，而且英語發音標準，所以就讓她在劇中詮釋農夫太太這個角色。但是小花偏偏表現不出劇情中農夫太太逗趣的部分，在訓練過程中，夥伴教師及同學都給了小花很多指示，紛紛幫她出主意，但是效果不大。在一次排演中，小花又被同學指手畫腳時，她開始感到不高興，稱說不演了，也真的開始不配合演出，排演因此中斷。小花主張要更換角色，她說擔任旁白的阿德經常講錯，倒不如由她來擔任旁白。但是阿德堅持自己咬字不差，而且聲音較宏亮，若換上講話音量比較小的小花，評審可能會聽不到，所以不肯更換角色。

夥伴教師覺得也不是不能夠交換角色，面對這樣的爭執，因此打算請這6名學生下次試換角色，讓小花擔任旁白看看，想要因此讓她知道旁白的詞又多又長，並且透過同儕評選出最佳旁白，由勝出者擔任。

然而當天晚上導師就轉知夥伴教師，小花爸爸很關切這次排演，說小花回到家哭哭啼啼，有意退出團隊，但是箭在弦上，夥伴教師臨時找不到人可以替換。此時，夥伴教師既面對比賽可能開天窗，又面對自己教師調動結果的不確定性，身心上承受家庭與工作的雙重壓力……。

二、關鍵人物相關背景描述

1. 夥伴教師：小孩2歲多，由於交給長輩照顧，所以憂心孩子各方面的表現會因為少了父母在身邊而落後，因此很想調動回鄉，回到孩子的身邊。

2. 小花：父親是公務員，對小花期待頗高，努力栽培她，從幼兒園就唸雙語學校，小一到某英語補習班補英文到現在。小花希望能像去年的參賽隊伍一樣為學校爭光，覺得以自己的英文實力，可以擔任旁白，不甘於扮演

農婦的角色。

　　3. 阿德：看不慣小花這種自我主張、說要換角色大家就得同意的驕氣，堅持不願讓出旁白位置。

三、關鍵問題

　　1. 英語比賽訓練的壓力：比賽雖然沒有一定能獲得優勝，但是至少名次不能太差。

　　2. 漂泊外地教師的壓力：夥伴教師不是第一次漂泊在外地擔任英語教師，此種情形我也經歷過，所以頗能感同身受。而且由於不是在地人，校內行政及同事猜測這樣有家庭、有小孩的老師，若有機會一定會提縣外調動，因此難免有行政配合度不高的刻板印象。

　　3. 如何撫平小花的情緒，取得家長的體諒及認同：如何協助小花突破困境，轉化整個團隊的士氣，防止繼續惡化，造成團隊表演默契大打折扣。

四、教學輔導教師的建議和協助

　　1. 活動前與學生或家長的溝通

　　預防勝於治療，透過事前的紙本聯絡簿、通知單，以及必要性的電話聯繫，與學生、家長、導師等，清楚溝通、說明規則，讓比賽相關人員都能有適切的認知與準備，免得學生產生誤解，引發家長反彈等。

　　2. 危機就是轉機，重新檢視角色的適切度

　　利用這次發生爭議的機會，在下次排演時，讓小花試試旁白角色，而其他組員給予他評，說出兩項優點及一項待改進之建議。同時，也讓其他對於自己角色分配有疑惑或困擾的同學，也可以試演其他角色，找出最適合自己的角色。因為性格短期內很難速成，但是可以找與自己性格相似的角色來試試看。

　　3. 講稿運用小撇步，輔助學生在對話中融入情感

　　夥伴教師在排演一開始介紹故事時，能先熟悉故事，暫時不分配角色，

這點夥伴教師做得很好。當學生對故事有一定了解後，才開始選派角色，並協助學生突破自己的英文口語表現。然而，部分學生仍有英文口語表現的困難，因此在設計講稿時，可以進一步寫下動作及可能的情緒反應，以作為引導學生在對話中融入情感的輔助。

五、事件結果或心得感想

1. 事件結果

小花在嘗試過旁白角色後，發現自己會緊張，旁白臺詞較多，又很關鍵，若忘記了，大家會接不下去，自己反而壓力更大，所以就按照講稿標注的撇步，讓自己漸漸能融入農夫太太的角色，努力呈現出角色逗趣的一面。

2. 談心得

我珍惜進入教室的機會，進一步欣賞教室內的風景，並學習轉化用於自己教室。事實上，除了排定的晤談主題之外，我和夥伴教師最常聊起的是教師調動及英語能力的精進。話題不再是作業，而是與英語教學或生活相關的任何事。一次又一次的深聊，我和夥伴教師建立起情誼，教學相長。我非常開心能夠透過認證，交到亦師亦友的教學夥伴，在教學路上相互支持，長長久久。觀察夥伴教師的教學方式及班級經營模式，學習收穫最大的是我。我兼任行政工作之後，教學有時會感到無力。但從夥伴教師身上，我看到清晰的工作模式與教學目標，教學內容與方式去蕪存菁，進而有效率的達到教學成效。

3. 談收穫

以教學輔導教師的角度來看，感謝夥伴教師願意開放教室，讓我觀課，完成我的儲訓過程。對於夥伴教師而言，我反倒成為「夥伴」教師，陪同進行教學的設計、執行及事後的反思。由於彼此教學各有所長，很難區分誰「教」、誰「學」。從一開始彼此的不熟悉，到交心的分享教學大小事，這就是彼此最大的收穫。我也很欣賞夥伴教師做事的效能與細心。為了早點回家看孩子，輪到她出考卷，她總是出得又快又好，很有效率地把工作做完。同時，她細心的替潛能班的孩子描好作業中的句子，讓這些孩子順利完成作

業。此外，這次讀者劇場的選角風波，由於夥伴教師一開始曾清楚說明大家一起初步練習之後，再依照個性來選角，選角後再練習，若默契不對，則重新再選角。所以選角是經過全員同意，而非單純由老師決定，也透過讓小花體驗旁白角色並不適合她，加上與導師、家長溝通，取得家長的諒解，讓這次的退團風波順利平和落幕，這種危機管理能力也讓我收穫許多。

案例回饋

回饋（一）

　　英語教師除了要面對繁瑣的教學工作外，也要應付來自家長、學生各層面的要求，以及他們對比賽成績的期待，身心承受的壓力實在沉重。

　　而本案例中，英語教師主要的壓力來源有：1.參與演出的6名學生分別來自五個不同的班級，練習融入角色時普遍放不開，因此擔心學生臨場表現不好。2.去年的比賽，學校有得獎，擔心今年比賽沒有獲獎。3.對學生期待頗高，但小花表現不出劇中農夫太太逗趣的部分。4.劇本的挑選及編寫、學生的選擇及培訓，每一個步驟都費時耗力。5.託長輩照顧2歲多的孩子，憂心小孩各方面表現因少了父母陪伴而落後。6.面對教師調動結果的不確定性，擔心無法成功互調。7.擔心校內行政及同事，對她存有行政配合度不佳的刻板印象。

　　教學輔導教師掌握了夥伴教師的壓力來源之後，首先可以鼓勵夥伴教師學習放鬆，例如：嘗試在家靜坐，或者外出找朋友、與同事聊天談心，紓解壓力。

　　接下來可以協助其處理壓力。由於壓力是英語教師對於外在環境的刺激與內心自我能力的評估後所產生。當外在環境刺激太大時，情緒上就可能有激烈的反應，因而產生壓力。原則上必須分兩個部分進行壓力管理，第一部分要做的是夥伴教師認知的重建，第二部分則是加強夥伴教師對自己的信心。

　　對於訓練學生參加比賽，若夥伴教師自我的心理評估，會認知到時間可能有所不足，會擔心學生臨場失常、表現不好，這樣自然容易產生負面心

理。此時教學輔導教師可以鼓勵夥伴教師停止思考這些問題，或試著改用正面思想代替負面思想，來改變對環境及對自己能力的認知。例如：嘗試不要在意學生比賽結果如何，即使沒有得名也沒關係，不必那麼緊張，放輕鬆來訓練學生。

另外，夥伴教師擔心校內行政及同事對她存有行政配合度不佳的印象，這可能也是不合理的情緒思考所產生的困擾。教學輔導教師可以尋找資源，提供夥伴教師情緒復原力、積極振奮而愉快的體驗，協助夥伴教師逐步調整心態。

回饋（二）

案例中的夥伴教師因為在外地服務，心繫家庭、掛念小孩，感覺自己如無根之浮萍，因此每年都會申請調動，因此也給學校無法配合行政的印象。又因擔任學生英語讀者劇場的指導老師，肩負比賽的壓力及遭遇換角風波，導致心力交瘁，惟所幸換角事件平和落幕。針對本事件，個人有幾點看法：

1. 夥伴教師的回鄉之路

案例中的夥伴教師為北漂教師，獨自一人在臺中服務，心繫家中幼兒的教育，因此每年都會提出介聘，希望可以回鄉與家人團聚。但根據媒體報導「老師想回鄉，高雄、臺南最搶手！」所以，夥伴教師每年都必須經歷期待與落空的循環，間接形成夥伴教師在工作與家庭的角色壓力。

學校進用教師的管道主要有教甄新聘、市內介聘、外縣市介聘，案例中的夥伴教師應該是教甄新聘時考取，卻無法如願透過外縣市介聘回到家鄉服務。有類似狀況的教師頗多，有人通勤，有人利用放假返鄉來回奔波，最後有人落地生根成為當地的「新住民」；當然，也有人每年繼續試手氣，希望上天憐憫眷顧；而有人持續苦讀參加家鄉新進教師甄選，以新人之姿回到故鄉懷抱。可以理解的是：每人雖狀況不同，但思鄉、思家的情懷是相同的，夥伴教師的處境可以被同理。當然，教師調動有其機制與複雜性，不是單靠個人積分或努力就可以達成心願，有人提議檢討外縣市介聘的辦法，優先考慮給在外縣市服務的現職老師回鄉的機會，如果能獲得共識，讓外漂教師得以兼顧家庭與工作當然是美事一樁，筆者也是樂觀其成。但筆者更認為：既

然選擇用介聘方式回鄉，機會不是全然操之在己，因此更需「在其位，謀其政」，認真做好分內工作。一方面，學校要同理外漂老師尋求返鄉的心願，而老師也要孜孜矻矻、念茲在茲，做好現在的工作，或許辛苦耕耘更會有所回報。

2. 英語讀者劇場比賽的換角風波

從本事件可看出老師工作的辛勞，平日除了忙於課程教學與班級經營之外，還要指導各項比賽，更要承擔比賽成績優劣的結果，可謂勞心勞力。本次換角風波雖然最後平和落幕，但可思索日後選角及指導比賽過程中如何減少不確定因素及阻礙。個人再次提出幾點看法：

(1) 提供學生劇本並說明劇情及角色特性。

(2) 讓每位學生試著扮演劇中不同的角色。

(3) 學生評估劇中每個角色由誰擔任最適合（紙本形式）。

(4) 老師依據學生表現並參考學生意見決定角色，若有爭議可個別晤談，以取得共識。

(5) 公開最後結果並通知家長。

相信參與演出的學生都是一時之選，但團體競賽看的是整體表現能否發揮最大值，所以必須把對的人擺在最適合的位置。夥伴教師能因應突發狀況，運用有效策略，不但能撫平學生情緒，又能提升團隊士氣，化危機為轉機，處理得十分得宜。

第二篇

課堂行為規範

案例 2-1

拒絕檢定的小女子

關鍵詞：班級規範、學習動機、師生溝通

一、夥伴教師的情境敘述

距離美容丙級檢定只剩下一個月時間，班上同學才剛從臺北實習返校。在這一個月的時間裡，學生要複習美容丙級檢定考試，各式彩妝技巧（包括外出妝及上班妝，還有晚宴妝及日宴妝），另外還有臉部按摩護膚技巧等，衛生技能操作也有待再加強。

夥伴教師除了任教該班衛生技能課程外，同時也擔任該班導師，要負責美容丙級檢定學科的複習。由於學生剛從臺北實習返校，心性不定，夥伴教師既要安撫學生的情緒，又要緊迫盯人引導學生練習美容學科與術科，忙得焦頭爛額，然而學生卻也頻頻出狀況。

這一梯次的檢定，混合有美髮組及美體組的學生，程度不一致，術科程度強的很強、弱的很弱，有的學生很認真學習、有的學生非常散漫。但是學校要求丙級檢定考試及格率就算未達100%，也要達到99%，因此夥伴教師對全班施予高壓策略，甚至還借課來練習美容彩妝技巧。然而，就有3位同學——小魚、小茗、小白，一直沒有進入狀況，態度十分消極。

這3位學生都是美髮組學生。下課時，小魚就約其他2位同學跑福利社，在校園裡經常看到她們3人嬉鬧。上課時，則總是提不起勁，趴著睡覺，時常遲到進教室。全班在作答練習卷時，小魚總是交白卷，而另外2位學生分數都未達60分，訂正罰寫也不繳交。

不僅學科放棄，術科練習時她們也是敷衍了事，排斥練習，上實習課故

意不帶用具，或是趴在桌上使用手機、講話，甚至假借肚子痛要上廁所，一次就3位同學一起去，造成任課老師困擾，任課老師登記在違反紀錄簿上，一週不僅一次。她們的模擬考試成績不及格，令人擔心她們沒辦法通過檢定。

　　3位學生中，以小魚為帶頭，連鎖影響到其他2位同學。小茗自己沒有什麼主見，只是覺得好玩，常常陪在小魚旁邊，一起不配合學校各項規定；上課時間公然吃零食、使用手機，或是一起假借上廁所，超過20分鐘沒回教室。小白與小魚則是國中同學，在臺北也在同一間美髮院實習，「難姐難妹」，回到校園又加上小茗，成為上課老師頭痛的三人行。

　　據了解，她們3位未來只想擔任美髮師，對於美容興趣缺缺，認為高一時已拿到美髮丙級證照，有一張美髮證照就足夠了，美容證照將來不會用到。在臺北實習時都是在美髮院，但小魚與店家設計師相處有些問題，不太適應，不想再北上實習，建教組的組長還因此與美髮院協調。實習暫告一段落返校後，在小魚的鼓吹下，這幾人有轉科的想法，因此對一個月後即將到來的檢定，心緒總是定不下來。

　　夥伴教師經常約談3位同學，了解她們的想法。並且在午休時間，請3位同學帶著丙級題庫學科到導師室閱讀，或是到美衛教室練習操作。

二、關鍵人物相關背景描述

　　1. 小魚的家庭背景：家庭成員有媽媽、阿嬤及3位姐姐，爸爸在她國小時就過世了。為了減輕媽媽的負擔，選擇就讀建教，但是相當愛玩。國中時就經常一個人在外遊蕩。媽媽總是認為無法約束該生，不知道如何處理，因此選擇放任。

　　2. 小茗的家庭背景：父母雙親均健在同住，上面有一個哥哥、姐姐，哥哥及姐姐都很聽話，但是重視同儕之間友誼的她，總是把父母的話當耳邊風，爸爸認為該生是頭痛人物，小茗也認為自己在家裡是多出來的那一個。

　　3. 小白的家庭背景：出身在隔代教養家庭，家中只有阿嬤、姑姑，還有一位姐姐，媽媽在她小時候就與爸爸離婚，並且不知去向。而爸爸在她國三時，因為肝腫瘤過世。因為姑姑很照顧她，她比較聽姑姑的話。而阿嬤則

無法約束該生，阿嬤認為自己年紀大了，心有餘而力不足，而該生也認為阿嬤總愛嘮叨。

三、關鍵問題

1. 如何促使這3位學生在課堂中能夠認真學習？
2. 如何改善這3位學生學科及術科練習測驗時，總是敷衍了事的態度？
3. 如何建立這3位學生對於美容丙級檢定考試的正確認知，不是僅以擁有美髮丙級檢定證書為已足？

四、教學輔導教師的建議和協助

首先鼓勵及讚美夥伴教師對於學生的關心及付出，並且能即時發現學生的問題並處理問題，不讓問題繼續擴散；此外，搭配進行家訪，得到家長支持及協助，更能改善學生狀況。

接下來，提醒夥伴教師特別注意小魚的狀況，若能掌握並改變小魚的行為表現，一切狀況都會改善。同時提醒夥伴教師再給3位同學補救教學，找3位班上表現傑出的同學擔任小老師，在課餘或午休時間到美衛教室，一對一教會衛生術科操作，並且鼓勵口頭背誦，督促3人要確實背誦操作流程，提升學習信心。

再者，協助夥伴教師建立3位學生的輔導紀錄，將事件過程、處理情況、家訪及電聯家長的時間，以及聯繫重點、處理方式等，完善加以記錄。並建議夥伴教師將3位學生帶到學校實習處建教組，尋求建教組長的協助與幫忙，因為唯有建教組才能處理學生換店的事宜，讓學生與北部公司設計師不協調的問題最終得到解決，並且安撫學生情緒。

最後麻煩學務處的教官室、生活輔導組，在巡堂時特別幫忙督導改善及糾正3位學生的表現，讓學生在課堂上能夠循規蹈矩，約束自己，認真學習。再轉介輔導室給予職涯規劃，了解未來無可限量，多學習、多拿證照，百利無一害，只是自己要多付出，要怎麼收穫先怎麼栽。

五、事件結果或心得感想

皇天不負苦心人，3位學生最後終於順利通過美容丙級檢定考試，也順利取得丙級證照。上課情況也改善良多，雖然下課時間3人仍會聚集在一起，但是至少願意配合班級團體活動，行為不再我行我素。

我相當同理建教班導師的辛苦，因為我自己也曾經有十五年建教班導師的經驗，兩個班級三個月的輪調，從來沒有寒暑假，還要三個月一次從嘉義到臺北及臺北回嘉義的交接工作，建教班導師常常戲稱為「嘉北一日遊」，陪同學生搭遊覽車到臺北，然後把學生交接給店家，再領個便當，馬上返回嘉義，舟車勞頓。白天輔導在校生，晚上輔導在臺北的實習生，常常半夜還接到學生來電訴苦，得要安慰學生，擔任這個職位必須任勞任怨，而學生的問題花招百出，必須見招拆招。但是，學生確實可以感受到導師的關心及用心，而且北部的實習生活也會讓學生快速成長。

3位學生在校的表現有進步了，但我仍建議夥伴教師，除了繼續經常與3位學生的家長保持聯繫，以利追蹤了解3位學生的生活作息外，同時應請班上幹部注意並即時反應3位學生課堂上的狀況。夥伴教師自己也要多關注此3位學生，可利用早自修或午休時間，一一與學生來個早午餐的約會。

教育乃是良心事業，所謂「十年樹木，百年樹人」，當老師就是需要孜孜不倦，教書育人，與大家共勉之！

案例回饋

回饋 (一)

建教班的教學與輔導除了一般的課業與專業學習外，對於學生與輔導教師而言，實習與證照考試都形成額外的壓力，學生因此容易產生逃避與反抗，增添教師輔導的負擔。

面對學生學習態度出現消極情況，必須先改變其認知，才能夠在行為與情感面向同步改善。至於要如何改變學生對於證照考試的認知，建議思考以下做法：

第一，孩子可能對未來的職涯缺乏想像，建議老師帶學生擴展職場經驗，除了實習處所之外，可多安排團體參訪，並安排知名設計師、美容師與

學生座談，讓學生了解美髮並非就不需要美容專業，美髮也需要搭配美容的相關知識，以達到整體造型設計的效果，藉此來提升學生的學習動機。

第二，可以找與3位同學關係較好的同儕或學姐，協助教師進行學習輔導，要特別注意的是，避免找成績最優秀、但是與當事的3位學生彼此關係不佳的同學。運用同儕力量改變學生的想法，如同教學輔導教師對於夥伴教師的建議，從小魚著手來影響整個小團體的學習成果。若能由3位學生都能接受的同學來協助學習，較能有事半功倍的效果。

回饋 (二)

本案例是就讀建教班的3位學生，在甫從臺北實習返校後，不願參加即將到來的美容丙級檢定考試。依案例的描述來看，學生係美髮組的學生，已經獲得美髮丙級證照，不想再繼續準備美容丙級檢定考試，因此缺乏學習動力，甚至出現行為問題。

在教育現場中可以發現，影響學生學習的因素頗多，諸如學習動機、自我效能、同儕關係、心理支持、教學設計、班級文化等，都可能會影響學生的學習成效。綜觀本案例，建議的做法有以下六點：

1. 認識產業趨勢

當前各產業領域的發展趨勢是講求創造、創新，採取設計思考，重視人本服務，而能具有跨域知能、多元專長，在業界逐漸成為競爭優勢之所在。是以，提供業界實例，或安排畢業校友、實務工作者前來經驗分享，讓學生對產業現況有進一步的認識，接著鼓勵學生取得美髮證照後，應再通過美容檢定考試，以提升個人職場競爭力，未來能有更好的發展機會。

2. 給予心理支持

這幾位學生上課不帶用具，術科練習草率，學習態度消極，學習表現明顯落後其他學生，長此以往，將不利於其後續的學習，甚至導致放棄學習，所以必須經常給予關懷，以同理心與其溝通互動，表達善意，提醒其準備學習所需用具，並適時提供心理支持。在學習過程中，尤其可以讓學生獲得成功經驗，建立自信心，以利其準備美容丙級檢定考試。

3. 確認溝通順序

小魚是這個非正式團體的領導者，對於小茗、小白具有明顯的影響力，所以對於這幾位學生的溝通輔導，教師應該選擇以小魚為優先。若能先強化與小魚之間的師生情感聯繫，獲得初步的輔導成效，將能減少可能的阻力，甚至能夠事半功倍。然後再透過小魚來帶動其他2位同學的學習，提升輔導的成效。

4. 提供學習輔導

學習輔導旨在提供學生必要的學習協助和引導，以突破其學習困境。本案例中的學生缺乏學習動機，主要是尚未發覺美容丙級檢定考試的意義和價值。教師若能適切引導，除了前述有關了解產業趨勢之外，進一步嘗試與學生本身的經驗背景、興趣、需求、情感等連結，將更能找到其學習的意義，啟動學習的動能。

5. 勾勒生涯藍圖

學習目標可以指引個人努力的方向和進程。誠如上述，若學習目標明確且對學生具有意義和價值，則更能有效引發學生的學習動機。案例中的學生係高職二年級學生，已經獲得美髮丙級證照，且已進行實習，對職場現況有初步了解。在即將邁入高三之際，藉由引導其檢視自我及認識外在社會變遷，重新自我定位，以勾勒未來的生涯藍圖，將有助其投入學習活動。

6. 重塑班級文化

有效的學習奠基在優質的班級文化上，教師要先將班級經營好，營造優質學習環境，讓學生能專注於課堂的學習活動，不受干擾，才能發揮課程和教學的功效。案例中的小魚、小茗、小白3位學生，上課提不起勁，趴著睡覺，時常遲到進教室，上實習課不帶用具，上課時間一起藉故上廁所而許久沒有回到教室，還有公然吃零食、使用手機等諸多不當行為表現，除影響本身的學習外，亦對其他同學的學習產生干擾。教師除了針對這些學生必須實施個別輔導外，亦應重塑班級文化，落實班級規約，避免少數學生的不當行為，產生蝴蝶效應，對班級文化帶來負面的影響。

案例 2-2

躲在桌下玩電玩的阿寶

關鍵詞：情緒及學習障礙、團體動力、班級規範

一、夥伴教師的情境敘述

　　小寶為夥伴教師班上情緒障礙、學習障礙的特殊生。小志為小寶的小天使，在課業學習各方面都給予高度的協助。

　　由於小寶的特殊生身分，學校老師都給予他較大的學習彈性，例如：提供他多元評量的機會，而小寶也知道自己的學習方式可以有很大的彈性。

　　然而，小寶沒什麼學習意願。他脖子上習慣掛著大耳機，期初還會戴著耳機上課，經授課教師要求之後，願意脫掉耳機，已有配合改善。

　　課堂上，他經常趁著授課教師協助同學解決課業難題之時，使用筆電玩遊戲，或者打開其他無關的應用程式，顯然沒有投入在課程活動中。除了自己沉浸在遊戲角色中，有時候還會拉座位旁的同學一起看筆電螢幕（座位確實有死角，授課教師不易發覺），影響左右兩邊同學的學習。授課教師巡視時，會稍配合練習，但只要老師一離開，便會故態復萌，回到遊戲的介面。

　　小寶行徑特殊，還經常坐在地上上課，班上同學早已見怪不怪，授課教師為顧及全班學生的上課進度，也無暇時時刻刻的糾正。所以，小寶有時是躲在桌下玩電腦遊戲。雖然這樣不會干擾教師授課，但誇張的行徑仍然令人皺眉，也影響了周邊同學的專注力。

　　小寶的學習態度非常被動，荒於嬉戲，放縱享樂，隨心所欲，沉迷在自己喜好的事物上。他無視課程學習的嚴整性，沒有上下課的分際，不懂得尊重課程教師與團體，一些不良的上課習性、脫序的行為，除了自己容易分

心、無法專注課程之外，還影響身旁同學們的課堂專注力，班級學習氛圍有時候也大受影響。而他應該是臆測任課老師都一定會寬容他，會給很多次機會，屆時再補救即可。這種投機的心態，實在不可取。

二、關鍵人物相關背景描述

1. 小寶：為該班情緒障礙、學習障礙特殊生，已於學校輔導處立案建檔，是高關注學生，備有醫師診斷證明書。學期初輔導處也已轉告周知該班的導師和各任課教師，必須在課程學習上予以多元評量，以協助該生順利學習。由於美術設計與應用很符合小寶的學習志趣，遂選擇廣告設計科就讀，期望可以展現所學，習得該領域的技職專業。

2. 小志：為小寶之小天使，願意在課業學習上給予高度的協助，也因為平時的陪伴和幫助，小寶很信任小天使，很多時刻是形影不離，願意分享日常的喜惡。

三、關鍵問題

1. 如何引導小寶提振他的學習動機，改善他課堂上學習分心、行徑怪異，以及干擾課堂學習秩序與同學專注力等問題？

2. 多元評量是為了協助小寶跟上課程而設定的方法，倘若小寶沒有學習意願，是否沒有必要無止盡的給予機會？

四、教學輔導教師的建議和協助

1. 端正上課態度，釐清多元評量

教師在上課時，盡可能的將課程精華無私地教授給學生，總希望自己的學生可以全部吸收。然而，該生上課時完全無視課程，自顧自的玩耍，荒廢課業。教師透過個別約談，導之以理，讓學生反思個人的學習態度，再清楚告知上課該有的學習態度。如果未能配合，也即將失去多元評量的彈性。其次，與其溝通課程專業學習的必要性，引導其改變信念，進而內化為該生自主學習的動力，提振學生的學習動機。

2. 尊重團體，愛惜自己名譽

教導學生學會尊重團體，要懂得維護團體學習風氣，而不是盡做些不得體的、自以為是的行為，引人注目。告知學生，不適當的學習心態，到最後負評不斷，還是得自己面對與承擔。

3. 預防分心，座位調整

如果該生在課堂上真的忍不住分心做其他的事情，那麼可以考慮透過外在環境來制約，例如：將座位調整坐到前面或老師看得到的地方，強迫其專注學習，相信上課狀況肯定有所改變。

五、事件結果或心得感想

1. 事件最後的結果

經過個別晤談之後，小寶也體認到自己的學習行為不當，得過且過，日復一日，荒於嬉戲，沒有學習目標。他已允諾老師會積極改善，並專心課堂的學習。另外，在知道電腦繪圖的專業能力對設計的重要性之後，開始比較願意主動學習，化消極為積極，最起碼現在已經不會在課堂上玩手遊或線上遊戲。

2. 心得感想

授課教師一堂課要掌握五十多名學生的學習，這並不是一件容易的事情。教學之同時，還要解決學生的學習困難，驗收學習成果或進行多元評量，並要像糾察隊一般預防學生分心、不務正業，教師的確難為！但如果能及時讓學生意識到自己的學習偏差行為，真心關懷與引導，總能有些改變，總能看見學生的進步！不能因為進步少就不做，現在的一小步一旦跨出去了，以後學生自己就懂得複製成功的經驗自我尋求進步。因此還是值得老師多「雞婆」、多關心一下，也許就因為這一下，從此改變了學生，也說不定。

案例回饋

回饋 (一)

　　進入高職就讀之特殊生，有一定的溝通能力，因此在學習輔導過程中，除了透過晤談溝通以了解小寶的學習需求外，任課老師應該與輔導室密切合作，討論出適切的學習輔導策略。

　　以小寶的情緒與學習障礙情況來看，可以採取契約訂定的方式，來輔導小寶的各項學習行為，也讓小寶了解行為規範。具體言之，在學習輔導上可以採取下列幾點作法：

1. 共同擬定學習契約

　　在行為契約中明訂規則與獎懲，哪些是一定要遵守的？哪些是可以保持彈性的？哪些是要以漸進方式改善的？全部都明確記載，並讓家長知悉。透過行為改變技術的系統運用，逐步增加學生在上課時的專注力與學習成果。而在契約討論過程中，將學生個別需求與教師要求做雙向溝通，除了讓學生明瞭教師的底線，也能夠讓老師了解相關規定對學生而言有無窒礙難行之處，以作為行為契約與教學調整的依據。

2. 持續進行入班輔導

　　行為契約擬定之內容，應利用小寶不在教室時，與其班上其他同學溝通。將小寶在學習與評量上的特殊需求，讓其他一般學生了解，並能支持或配合老師上課時有個別差異化的教學與評量，以避免因公平性的爭議而產生霸凌。

3. 重視形成性評量

　　對於小寶的多元評量，應適度給予個別化的作業，並應強調形成性評量，在形成性評量過程中提供回饋與鼓勵。而在總結性評量上同樣也給予適度的難度調整，但是必須在成績計算上有若干打折，以免影響未來升學進路的公平性，並且需要知會家長同意。

4. 請求輔導義工家長的協助

　　如果學校有義工家長的資源，可以請義工家長在專注訓練、個別化作業

練習時給予小寶協助，讓教師不至於無法兼顧小寶與其他同學的學習權益。

回饋 (二)

所謂「天生我材必有用」，特別是在中學階段的課堂學習，找尋適合的學習方法、正確的學習方向，以及追尋個人生命價值，對於每個人的成長而言，都是非常重要的事。

任課教師需要透過完善的課程規劃，來引導學生從內在動機開始，強化學習動力，提升課堂學習興趣。特別是要能重新檢視課程內容與學生自我能力探索及未來職涯發展的關聯性，尤其是能否符應108課綱強調素養導向的教學，培育帶著走的核心素養與能力。因此，課程設計與課堂管理皆需進一步朝向適性學習的目標強化學習歷程，打造學生「知識」、「技能」與「情意」等面向建構學習的鑰匙。以下提出幾個策略供教師參考：

1. 策略一：了解學生學習特質，有效提升學習熱情

課程教材設計除了需與學生自身學習經驗連接，在學生的生活情境脈絡下，結合社會脈動，將學生較感興趣的相關主題引入教材，研訂、客製化的教學方法、教學策略與適性的教學目標。特別是針對班上的特殊生，應該要特別考量其身心特性及學習背景，研擬其個別化教育計畫。尤其教師應注重其先備知識與學習風格、學習態度、學習優劣勢及學習需求等。當然在課程實施中，亦可藉由「班級小天使」的協助，運用親師生的溝通方案，積極使特殊生儘快進入與適應學習狀態。此外，也可以針對班級學生整體學習特性，設計相關的教學活動，例如：桌遊融入、闖關活動與角色扮演，結合數位科技建置教室情境，或設計小組對話分享，抒發自身的想法與心得等，積極運用教學方法來點燃學生的學習熱情。

2. 策略二：適度引入學習策略，有效提升學習成效

在上課歷程中結合學習共同體、分組合作學習或翻轉教學等方式，結合實際操作演練、角色模擬扮演、小組思辨報告，享受做中學的樂趣。必要時，可以透過公開觀課與議課方式，了解相關特殊生其他課堂教師授課與師生互動情形，運用教師專業發展社群協作，發展多元的學習與評量任務，兼

顧特殊生的學習方法、歷程與評量的彈性。老師也應該了解特殊生的學習情形，檢視課堂狀態與學習成效，滾動修正教學策略。

3. 策略三：發展良好學習習慣，建立優質課堂秩序

在學期開始之初，即應建立尊重、支持和平易近人的課堂環境，建立班級管理方案，訂定賞與罰分明的班級規範。基於班級特性和學習需要，教師經由講解說明或公開討論的民主程序，與學生共同建立合理合法的課堂約定事項，例如：自治組織、班級公約、獎懲制度、作業繳交、學習參與等。這些課堂規範應以對學生學習有助益為前提，而非僅是從教師教學便利的角度著眼。課堂規範的執行則應重視學生參與，並逐步提升學生自發與自治的能力。對於學生在課堂中表現出「可預期」或「非預期」的各種行為表現，老師必須立即採用正向的管教策略。針對特殊生，教師可根據學生個別輔導資料及資源教室IEP會議所提供的訊息與策略，參照其他相關教師過往的管教經驗與共同指導原則，主動覺察並預防學生負向行為的產生，適時且合宜的處理特殊生在課堂中的行為表現，包括適時增強正向行為表現，及時導正負向行為，讓特殊生能安定學習。

案例 2-3

實習試教秩序亂糟糟

關鍵詞：班級規範、秩序管教、師生溝通、學習動機

一、夥伴教師的情境敘述

夥伴教師今夏剛從大學畢業，這學期將在本校進行六個月的教育實習。他被分配到五年級班實習，除了該班導師負責他的實習輔導之外，因為我是教學輔導教師，因此也就與原班導師一同輔導夥伴教師。

夥伴教師年輕陽光、活力十足，頗有親和力，下課時和孩子們相處就像一位「哥哥」般，和孩子們打成一片。

夥伴教師觀摩教育實習輔導教師的教學一個月之後，從十月分起，開始嘗試國語科教學，十月分安排了兩次試教。第一次試教是十月二日的第一節，上國語第四課，教學後夥伴教師認為孩子在上課時很興奮、參與度高，雖然說話、插話的狀況頻繁，但是感覺彼此互動良好。第二次試教則是自十月十八日起，挑戰國語第六課完整一課的教學，每天一堂共六堂，到十月二十六日告一段落。

在檢討時，夥伴教師認為國語第六課的課程教學進行還算順暢，但是也向我們兩位輔導教師提到，教學中遭遇到學生上課秩序不佳和不專心等困難，主要問題如下：

1. 有4個孩子（小哲、小展、小雄、小傑）常常很晚進教室，拖延到老師開始上課的時間，影響其他孩子上課的權益。

2. 小雄不舉手就一直說話，而且整節課講個不停，提醒他「請舉手再講話」，但是沒多久又開始未經舉手就一直講。

3. 小明座位上的東西很多、也很亂，上課玩筆，請他收起來，他就改玩鉛筆盒。

4. 小哲完全不回答、也不提問，上課完全安靜無聲。

面對上述這些情形，夥伴教師說他在上課過程中一次次的提醒，可是孩子們往往沒多久時間就故態復萌。雖然學生沒有頂嘴或生氣，但也沒有改善。他很擔心這樣的上課秩序與態度，會影響學生的學習。

二、關鍵人物相關背景描述

1. 學校與班級

本校是一所山區市立小學，一個年級只有一班。夥伴教師的班級在中年級時原本有23位學生，後來由於教師異動，上課秩序混亂，學生生活自理狀況很差、座位髒亂，在課堂時間，老師常常還得去找尚未回到教室的孩子，2名學生時常情緒失控，老師無法處理等，種種因素導致多名學生陸續轉走。升上五年級之後，從山下轉入2名新同學，全班共計只剩17名學生，其中6名女生、11名男生。這班孩子平均的心智成熟度較一般同年紀的學生低，剛升上五年級時，曾被學長姐笑說還像三年級學生一樣幼稚。

2. 個別學生背景

(1) 小哲：是山上社區內的小孩，媽媽是新住民，但已會說中文、臺語，也可以簡單的書寫。上課乖巧、專心，但各學科學習表現都是班上後5%，最喜歡打籃球和玩電玩。

(2) 小雄：特教老師認為該生疑似過動，但家長未進行檢測。孩子自知自己愛說話的特質，甚至曾在表演舞臺上自我介紹時，對全校師生說自己最大的特點就是很愛說話，幾乎所有老師上課後，都會提到他上課經常說話說不停，但他的學習表現位居班上的前10%。

(3) 小哲、小展、小雄、小傑：此4個人的共同點是喜愛打籃球，經常上課了還在打球。小哲及小雄為上述的個案；小展學習表現位居班上的前10%，人際互動也佳；小傑對上課教學內容總是在開學前，就已經利用自修預習完成，在班上學習表現優異。

(4) 小明：五年級上學期自山下轉來的轉學生。閱讀其轉入前的輔導紀錄，常出現的問題是生活自理能力弱及上課常不專心。家境小康，是家族中唯一的孩子，阿嬤非常疼愛，時常買一些奇特且昂貴的物品、玩具送他。放學後由保母接送，另有家教指導課業，學業表現居中。

三、關鍵問題

1. 部分學生上課秩序差，老師應該如何運用班級經營策略或課堂規範，來改善上課秩序？

2. 課堂上，有學生安靜無聲，不回答、也不提問，老師應該如何有效提高孩子的學習動機與課堂參與？

四、教學輔導教師的建議和協助

1. 教學輔導教師首先肯定夥伴教師的用心，夥伴教師年輕有熱情，備課相當認真、有責任感，希望孩子上課有良好的學習態度與秩序，主動向實習輔導老師及教學輔導教師提出自己上課遭遇的瓶頸，尋求改善之道。

2. 兩位輔導教師和夥伴教師溝通，彼此需要一點時間先各自思考解決策略，因此約定十月三十一日針對這些問題來探討可行之做法。

3. 在十月三十一日和夥伴教師討論近兩個月入班觀課期間，對於這些孩子的觀察、發現與了解，並提出因應的步驟和建議：

(1) 探究孩子問題行為的背後成因

擔任實習輔導老師的原班導師，針對這些孩子的特質做了個別介紹與分析，分別由家庭環境、家長態度、成長背景、過去的學習行為與表現等，向夥伴教師進行說明，讓夥伴教師可以更加了解孩子的個殊性。

(2) 針對孩子的個別情形做協助和鼓勵

例如：針對小哲，老師可以多製造成功的機會，像是設計較簡單、基本的問題，請他回答，來提高孩子的自我成就感和信心，並對個案持續進行個別課業輔導補強。

再如小雄，其實是非常機靈聰敏的孩子，建議老師抓住亮點給予鼓勵肯

定，而對於其愛說話干擾上課的行為，老師在口頭提醒之餘，建立明確的罰則，提醒他上課愛講話，會干擾教室秩序與大家的學習。而且，該生私下很喜歡和夥伴教師一起打籃球，老師可以運用打球的交情，和該生搏感情、做約定。

(3) 建立班級常規和落實要求

夥伴教師對於學生上課的問題行為，總以溫和的態度做口頭提醒，學生多數未能改善。針對秩序問題，兩位輔導教師建議的處理方式有二：一則可以沿用導師使用的規範，二則可以建立自己和學生的規範。輔導教師雖然提出兩個方式，但當下鼓勵夥伴教師利用實習期間嘗試去建立屬於自己和適合孩子的班級常規，並落實這些常規的要求。至於上課規範的內容，教學輔導教師除了分享自己的做法，也和夥伴教師一同討論、檢視與擬定。規範內容大致如下：

· 上課遲到若無正當理由，就罰晚下課。上課晚到3分鐘，個人就晚3分鐘下課。

· 除了上課所需用品外，上課時桌面一律淨空。

· 上課玩東西，提醒後仍未改善者，老師會將物品收過來代為保管一週，課後留下愛班服務，並再告知家長。

· 上課說話吵鬧，提醒後仍未改善者，罰站5分鐘。罰站後繼續說話吵鬧者，課後留下愛班服務。

· 獎勵制度：上課表現良好者，除口頭鼓勵外，輔以積分制劃記獎勵。

(4) 教學前設計靜心活動

例如：淨空桌面物品、趴下等待、班長帶領朗讀課文、老師帶領收心操等。

(5) 對於個案進行後續個別輔導

例如：小哲的學習成就低落，老師除了多製造讓孩子成功的機會之外，也可以利用課後輔導時間，先幫該生預習，有利其上課的理解和反應表現。

五、事件結果或心得感想

1. 結果

(1) 十月三十一日夥伴教師和兩位輔導教師討論後，夥伴教師利用導師時間和孩子說明並討論自己的上課常規要求。

(2) 十二月十八日再度進行教學，上課時，小傑遲到，問明原因了解是被自然科任老師留下，便正式進入課程；小雄上課說話兩次經勸告未改進，第三次老師請他起立在後面罰站5分鐘，並以溫和堅定的口氣順帶提醒「罰站後，繼續說話、吵鬧或玩東西，勸告不聽的，下課就要留下做愛班服務」。果然，小雄在下課前，只有再吵鬧說話一次；當時正在玩伸縮手電筒的小明，也趕緊把東西收了起來。

(3) 十二月二十五日夥伴教師的另一次教學，小雄自發性的戴口罩上課，說是為了提醒自己上課時別愛亂說話；另外，由於老師已漸漸建立學生桌面物品淨空的習慣，加上上課玩東西可能會被老師保管一週、告知家長，所以上課時喜歡玩弄物品的學生，雖然偶爾還是會忍不住偷玩，但一經提醒也會立即改善。

(4) 不論是夥伴教師或是原班導師上課，都會特意設計較簡單基本的問題，請小哲回答。一開始，他還是很靦腆，但他會回答的，都有笑笑的講出來，而授課教師也都把握機會，給予口頭鼓勵肯定，果然提高了他的信心。在期末這段期間，小哲能夠不用老師點名，自己在課堂上也會主動回答。

2. 心得與感想

(1) 和夥伴教師合作，傾聽他、陪伴他，一同觀察發現問題，一同思考並攜手解決教育現場的問題，真是教學的一大成就與快樂。

(2) 教學最大法寶是「熱忱」。教學不怕遇到困境，而是怕沒有自我覺察的能力，以及尋求解決問題的精進態度。夥伴教師雖然是新手老師，儘管經驗不足，但用心學習、吸取經驗與採納建議，教學不斷精進成長。

(3) 從事件發生、輔導到結束，歷經約兩個月。在輔導過程中，我看見夥伴教師不斷認真尋求精進教學和班級經營技巧的方法（例如：閱讀書籍、諮詢、觀摩與討論等）。而在十二月二十五日最後一次教學，確實有了令人

肯定的教學演示，提供了一場有效的教學示範。其課程設計嚴謹充實、教學流程熟悉流暢、引導步驟分明漸進，讓學生的學習有結構、有系統又有深入的學習。誠如當日教務主任所言，教學表現已在專業水準之上！身為教學輔導教師，深感教學相長，從中獲益匪淺。

3. 後記

在開學前，我和夥伴教師進行了第一次正式的深入會談，一起談論彼此對教學的想法，我們會談的目的是希望取得共識，對即將來臨的新學期擬定實習輔導計畫。在那一次的會談中，我向他介紹了教學觀察三部曲，並說明其妙用。後來，我們在觀察彼此的教學時，便都採用這個觀課系統。我和夥伴教師都認為，這套觀課系統建立的指標頗為周延完備，不僅可以用做觀察別人教學時的審核表，更可以隨時提醒自己教學需要注意的向度，真是「送禮自用兩相宜」！

案例回饋

回饋（一）

本案例是一位實習老師到班級實習所遇到的問題，所以在解決的策略上，與實際帶班的夥伴教師會有些許的差異，尤其是在實習老師角色的認知上，會造成日後實習帶班時的重大影響，因此先就實習老師的角色問題進行回饋，接著針對關鍵問題提出策略。

1. 實習老師的角色問題

(1)建立在班級中教師的地位

班級中多一個人，學生勢必感到好奇，因此學生一定會問：「這個人是誰？他來班級要做什麼？我怎麼稱呼他？」這時，實習輔導老師就要適當引介：「這學期老師特別邀請某某老師來班級一起上課，所以這學期有兩位老師為大家上課，某某老師的角色跟我一樣，大家要聽從某某老師的教導。」建立實習老師在班級中與原班導師一樣的地位，讓學生認知實習老師所說的話一樣重要、一樣要遵守。當然實習老師本身也要有這種心理準備，進到實習學校，你就是老師，不再是學生了。

(2) 班級經營先沿用原導師的方式

班級中雖然有兩位老師，但是班級經營還是只能有一套，以避免學生莫衷一是。因此，實習老師進班級前，要向實習輔導老師詢問班級經營的方式，尤其是獎懲制度與個案學生的行為契約，並觀察實習輔導老師的上課或帶班，學習使用的時機與方式，以免造成爭議，或有不公平的情形發生。等到原制度使用穩定後，可以適時加入自己的規定，讓學生逐步適應。

2. 上課秩序及學習興趣問題之解決策略

(1) 分析學生學習的特性

每位學生的人格特質及學習特性皆有所不同，教師必須了解學生的需求，才能給予適性發展的策略。

對於坐不住、喜歡插話、常易招來同儕異樣眼光的過動學生，教師不妨指派一些任務給他，例如：發聯絡簿、幫老師倒水等，讓他的「坐不住」可以合理化。教師也可以在學生桌上貼一張檢核表，當他專心做事時，就可以自己打勾，培養自我管理的能力。和他約定一天打滿多少勾即可領取獎品，讓他的努力受到鼓舞。

對於缺乏學習動機和自發性的學生，因為他們比較不易掌握繁複的概念或多重目的的學習，建議教師有系統地安排習作活動，針對習作表現給予回饋、獎賞或鼓勵。

針對理解力及記憶力低落的學生，因為記憶過程緩慢，儲存及檢取資料能力斷斷續續、凌亂而不精確，建議教師採用重複學習策略，增強學習時間的連續性及內容的精熟程度，並給予精確的提示，加強聯想能力，提升學生記憶深度。

(2) 實施差異化教學

在普通班中，要符應不同學生的學習需求，建議採用差異化教學策略。差異化教學係指教師能依據學生個別差異及需求，彈性調整學習內容、過程、成果及環境，以讓學生在原有的基礎上得到適性及充分的發展，提升學生學習效果和引導學生適性發展。另外，也可以利用問題導向教學（problem-based learning），將學生置於開放式的問題情境中，學生必須運

用已有的知識技能，分析及解決問題，並與他人討論解決方式的有效性。問題必須連結生活經驗，考慮學生興趣、能力及學習偏好。在小組討論的過程中，提供學生表達的機會，增進學生表達的自信心，培養在全班面前報告的勇氣。

　　(3) 訂定合情、合理、合法的班級公約

　　班級公約的訂定是班級經營的重要事項，假使班級公約能夠真正的落實，對於老師的教學及學生的學習都會有莫大的幫助。教師可以透過適當的引導，與學生一同訂定並願意遵守的班級公約：「班上同學在一起生活、一起學習，為使各種活動順利進行，同學間需要一些共同的約定。例如：同學們不準時進教室，則會耽誤上課時間，因此大家約定，聽到上課鈴聲要立刻進教室，並安靜下來。班級公約是大家一起訂定的，所以要共同遵守。」

　　班級公約的訂定不一定要整學期都一成不變，可以採取活動式的生活公約，也就是每週或每兩週更新一次常規內容。舉例來說，剛開學時，師生可以訂定「上課鐘聲響要立即進教室」的規定，並配合增強措施來使學生遵守；等到學生養成良好的習慣後，再訂定新的常規，逐步使學生達到要求。

　　班級公約的訂定應謹記三個準則。第一，明確：每一條規則代表一件具體行為。第二，合理：師生雙方可以接受，也可以做得到，並且合乎法令。第三，可行：規則能被學生理解、記住，並且務實可行。本案例中提到的班級公約，其中一條是上課玩東西，老師將保管一週，此條可能有侵犯物品所有權的疑慮。教師可以暫時保管學生物品，但是一定要當天歸還，若是違禁物品則請監護人領回。班級公約的訂定一定要合法，避免有違反法令之虞。

回饋 (二)

　　案例中夥伴教師為實習老師，年輕有活力、肯學習，初期上課秩序欠佳，但經兩位輔導老師的指導，漸入佳境，最後的教學演示，教務主任表示「有專業水準以上之表現」，誠屬不易。

　　一般而言，實習老師進入教育現場實習，就是教師社會化的過程，也是從新手老師到成為正式專業教師的必經歷程。實習期間將上課學習的理論，轉化為實務，運用到真實教學情境和脈絡中，初期因為經驗不足、理想高，

遇到活蹦亂跳的學生，製造千變萬化教學難題，實習老師難以招架。若有專業強、熱忱夠的實習輔導老師或教學輔導教師陪伴，必能功力倍增，成為未來優秀教師的生力軍。

夥伴教師和教學輔導教師在十月三十一日共同擬定班級規範，例如：晚上課晚下課、桌面淨空、暫時保管違禁品、上課前靜心活動、補救教學和獎懲制度等，兼顧個別性和團體性，雙管齊下，使得班級上課秩序逐漸步入軌道，這些策略均具體可行，效果顯著，令人敬佩。

為有效提高夥伴教師（亦即實習教師）的教學和班級經營效能，提供以下建議作參考：

1. 教學輔導（實習輔導）教師方面

(1)開學前的第一次正式深入會談，即要讓夥伴教師了解班級學生的特性、班級文化、學習狀況、成長背景及特殊的孩子。

(2)每天放學後，與夥伴教師討論其所觀察到的教室情形，包含隨堂觀課、教學設計、口語表達、班級經營、生活常規、學生表現、特殊狀況處理等，讓夥伴教師逐漸掌握班級文化和學生的特殊性。

(3)夥伴教師年輕又處於實習階段，學生容易逾越分寸，對實習老師不敬。教學輔導教師要協助夥伴教師建立教師權威和地位，在公開場合介紹實習老師就是「老師」，學生要接受實習老師的指導。此外，要強化實習老師的自我效能，在學生面前要有一定的權威，師生要保持一定的距離，不能讓學生超越界線，予取予求。

(4)未正式上臺教課前，提供夥伴教師獨當一面和學生互動的機會，例如：主持導師時間、批閱聯絡簿、指導打掃、檢討考卷等。

(5)夥伴教師上臺試教時，兩位輔導教師要事先和夥伴教師備課，而後觀課，再進行議課，如此可以讓實習老師在不斷的學習中累積經驗，增加成就感。

2. 夥伴（實習）教師方面

(1)實習老師容易因年輕，又擔心學生會不喜歡他，因此和學生打成一

片。久而久之，學生會逾越分寸、上課搗蛋、不易控制。因此在公開場合要建立教師權威，和學生保持一定距離，但內心對學生要有無私的愛。

(2) 與實習輔導老師討論，以原定的班規為基礎，加上自己的需求，訂定「教室常規」，並於開學時的黃金第一堂課說明，要求學生共同遵守，並貫徹一致執行。

(3) 實習老師可塑性極高，要永遠保持教學熱忱和愛，有一顆像海綿一樣不斷吸收知識和經驗的心，遭遇困境時願意尋求協助，向他人學習並不斷自我成長。

(4) 要訓練自己上課時，有「掌握全局」的能力。所謂掌握全局即教師要具有洞悉（wittiness）能力，能眼觀四面、耳聽八方，讓學生們了解教師隨時隨地都知道教室內每個學生的行動。例如：教師有效運用眼神接觸、手勢動作、面部表情、身體趨近等肢體語言，在不中斷教學的情境下，進行班級經營。新手老師要避免將「講臺」當成自己的天地，應該經常行間巡視、隨時提問，對於學生不良行為的處理要快、狠、準。所謂的快，是指要能掌握時間點，不良行為出現立即制止，不能等不良行為嚴重或擴散時才處理（但偶而發生、不會擴大、沒有危險性、情況輕微等情況，有時則要忽視）；所謂的狠，是指要對白日神遊、偶而恍神、快要睡覺、影響上課秩序者，要下猛藥，例如：提問、暫時保管、隔離；所謂的準，則是指要正確選擇處罰對象、判斷事件的輕重。

3. 其他方面

(1) 暫時保管的東西最好當天歸還，情節嚴重者和家長聯絡，請家長到校領回。

(2) 建議小雄的家長帶小雄到醫院進行檢測，確定是否為過動兒，以便及早治療。

案例 2-4

時時刷存在感的孩子

關鍵詞：師生溝通、班級規範

一、夥伴教師的情境敘述

夥伴教師擔任中年級社會科教學，其中A班一位學生小明，不管老師安排靜態性的習寫、小組討論，或是安排動態性的活動，小明常常都會發出很大聲的言語或聲音，企圖吸引老師、同學的注意，打斷課堂活動，干擾課堂秩序。

夥伴教師嘗試運用小組加分制度，或者透過表揚表現優良的學生等方式，以期改善此種狀況。無奈小明不但沒有收斂、檢討自己的不當行為，反而會大聲嚷嚷，抗議加分或表揚為何都沒有他。

在平日的相處中，全班同學已經習慣小明的風格，面對小明的喧鬧多半不予理會，但在小明座位周遭的同學及夥伴教師仍然會受他的影響，經常必須暫停正在進行的活動，來處理他製造的秩序問題。

二、關鍵人物相關背景描述

1. 小明為獨生子女，父母分居，很少提到母親或是平日的家庭生活。

2. 夥伴教師由任教A班的其他科任老師口中得知，所有老師對小明的干擾行為也都感到困擾。

3. 夥伴教師認為小明試圖引起注意、獲得關注，私下曾經與小明聊過，但是小明的改善程度有限。

三、關鍵問題

1. 面對該生大聲說話干擾課堂學習，運用退化行為（例如：發出如幼兒般的哼啊聲）引起關注，該如何處理？

2. 該生面對師長的處置會先表示是自己拒絕、不要的，而非別人剝奪或處置才讓自己得不到獎勵，藉此維護自尊心，或者乾脆自暴自棄，引起同情，該如何處理？

四、教學輔導教師的建議和協助

首先，建議夥伴教師可以採取忽視、冷處理策略。面對小明使用怪聲、大嗓門試圖引起注意，老師可以予以忽略，繼續課堂活動，讓小明沒有互動的對象。若小明仍未收斂，可以採取暫停策略，剝奪小明參與討論、活動的權利，等小明準備好之後，再讓他加入班級活動。

其次，可以私下約談，軟硬兼施，雙管齊下。運用課餘時間關懷小明的課堂表現，了解小明不當行為的可能原因，說明老師對小明的期待，希望小明感受到老師的鼓勵與關心；同時，向小明清楚說明課堂規範，要求其遵守，進一步與其約法三章，獎勵好的行為，懲罰不當的行為，賞罰分明，恩威並施。

最後，調整座位安排，將小明座位調整至教室前靠近老師的位置，以利老師隨時提醒關注；或是調整小明座位附近的同學，將較能忽略小明聲音干擾的學生安排至其鄰座，讓小明一個人無法掀起波瀾。

五、事件結果或心得感想

夥伴教師運用上述策略後，小明干擾行為的強度與頻率都較以前少，顯示策略是有效的，但小明長期養成的不當行為，仍需持續的給予輔導。

在輔導過程中，我們也發現上述策略有需要微調之處。例如：公開獎勵小明不一定有效，若有其他同學獲得獎勵，小明會認為不是只有自己得到獎勵；但若小明被處罰，他就會說自己很爛。我們發現，小明需要的是一種專屬於他的關注。因此，夥伴教師在課堂上更必須以全班性的獎懲為主，避免

個人化的獎懲，以免引起小明的特殊回應，然後再配合私下關心，拉近與小明的距離，以溫柔而堅持的原則來教育小明行為規範，慢慢引導，期望收到輔導的效果。

　　每個孩子不當行為的背後都有故事，得知其家庭背景之後，更能了解孩子行為表現的原因，幫助我們在處理其行為問題上更有同理心與耐心。因此，身為教師，不僅是一位經師，在課堂上傳道、授業、解惑，同時也是一位人師，在能力所及的範圍內，要能夠關注孩子的身心發展，陪伴其走過成長的路。

　　身為教學輔導教師，與新手教師相比較，優勢在於因長年經驗而熟練的教學技巧、班級經營策略，然而這些都是可以經由學習而熟練。夥伴教師雖然是新手，但是他的優點是對孩子非常關心，常常私下了解孩子的狀況，給予溫暖陪伴。透過教學輔導制度的討論分享，我們彼此切磋成長，除了讓我看見夥伴教師的熱情，也發揮了教學相長的效果。

案例回饋

回饋（一）

　　本案例的主角小明是一位國小三年級學生，觀察教學輔導教師與夥伴教師的輔導歷程與結果，有以下幾點可以深入思考：

　　1. 小明的行為是否為單純的想要引起老師或他人注意

　　小明的行為都在吸引他人的關注，喚起自己的存在感受，而且行為過當，嚴重干擾教師的教學與同學的學習。從其家庭狀況來看，小明的父母分居，很少提起母親或家庭生活，推測他可能缺乏母愛，因此小明之行為似乎已不是單純的想吸引他人注意，而是基本需求匱乏，缺乏A. Maslow需要階層論、E. Erikson心理社會發展論所提到的愛與隸屬，導致人格問題，也有可能是屬於情緒表達障礙之特殊學生。然而，案例描述中未見學校專業輔導教師介入輔導，建議教師應與學校輔導室合作，共商解決方策。

　　2. 援引當事人中心治療法

　　人本主義心理學者C. Rogers提出當事人中心治療法（person-centered

therapy），主張任何人都有健康成長的潛在能力，只要為患者設置友好、真誠、支持的氣氛，當事人就會自行痊癒。而如何扮演好治療者的角色，Rogers提出三個基本條件，包括：(1)真誠一致：治療員應表裡如一，讓當事人感受到自然、誠懇而有人情味；(2)無條件積極關注：治療員對當事人的態度應如同家人一樣，讓當事人感受到無盡的關懷；(3)同理心：治療員除了對當事人的痛楚表達同情外，還能設身處地了解當事人的心境（張春興，1994：264-266）。從小明家庭生活之脈絡來看，小明所需要的應是愛與隸屬感，對其不當行為，教師未必需要採取剝奪小明參與討論之暫停策略。至於小明對他人的不信任，更需夥伴教師與所有任課教師合作，共同商討如何對小明付出更多關愛，尤其要讓小明能感受到教師的愛是自然而真摯的，如同存在主義學者M. Buber所提師生關係是互尊互諒、「吾與汝」（I and Thou）平等對話的師友關係。

3. 賦予小明協助教師教學任務，建立其自尊存在感受

教學輔導教師建議夥伴教師採用調整座位方式，將其座位安排在靠近教師之位置。然而，若當小明已不在乎教師之獎懲時，此種做法僅能治標而不治本，有時甚至因為教師必須時時緊盯小明的干擾動作，反而徒增教學困擾。基於此，建議教師可以賦予小明協助教學的任務，一來讓小明有事情可做，二來增加其自尊（self-esteem）感受。小明將因教師與同儕之接納，而擁有隸屬感；將因教師委以任務，而擁有存在感。若小明擁有隸屬感與存在感，相信將更能樂於學習，而不再採用消極與負面的干擾行為，來喚起被關注的存在感受。

教學是一門科學與藝術，教師欲如解牛的庖丁，游刃而有餘的化解學生問題行為，有賴教師「道眼」與「心眼」之整合，方能迎刃而解。「道眼」即指教師必須有寬厚之心胸，珍視每一個學生的亮點；「心眼」即指教師必須具備專業之涵養，方足以透視學生學習困境之癥結。在珍視每位學生的存在價值後，透過教師專業素養，提出有效的學習良方，終能引領學生邁向人生坦途。

參考文獻

張春興（1994）。教育心理學——三化取向的理論與實踐。臺北市：東華。

回饋（二）

　　案例中的小明在教室裡，會「很用力」地使用各種不當方式尋求重要他人（教師、同儕）的關注，表面上看起來像是「積極經營關係」，但實際上背後隱藏著「失去關係」的恐懼。換言之，其行為的動力可能同時包含「渴望人我關係獲得正向回應」，以及「擔心自己又被孤立和忽視的焦慮」。

　　本案例中，夥伴教師以溫柔而堅定的原則，有計畫地去引導小明自我規範，再加上教學輔導教師積極關懷的人性觀，相信只要持之以恆的給予教育介入，小明的成長一定是指日可待。以下提供兩項建議，教師可以協助小明使用正確合宜的方式，來體驗存在感及提升自我價值。

1. 明確指出期望的正向行為，並提供機會讓學生練習

　　案例中的小明會用很大聲的言語或聲音吸引老師、同學注意，造成課堂教學活動被打斷。雖然在平日的相處中，全班同學已經習慣小明的風格，但小明的喧鬧仍會干擾周遭同學的學習，以及夥伴教師的教學。因此，使用明確、清晰的措辭，讓小明理解教師對他的關注和期待，乃是第一要務。教師可以使用示範、楷模學習或角色扮演等各種方式，提供接近小明起點行為的練習活動，增加其成功經驗，並於小明有所表現之後，給予具體的回饋及建議。

2. 持續消弱不良行為，同時配合強化其他正向行為

　　除了前述透過明確指出期望行為來促進學生發展合宜行為之外，教師也必須設法改善或抑制其不適當行為，尤其是當這些行為會妨礙其他同學或者不利自己成長的時候。

　　案例敘述中，教學輔導教師建議軟硬策略雙管齊下，一方面採取忽視、冷處理策略，面對小明發出怪聲、大嗓門，試圖引起注意，教師可以予以忽略，繼續課堂活動，讓小明沒有與其互動的對象，行為沒有產生預期的效果；另一方面，教學輔導教師認為可以私下約談小明，讓他感受到老師的鼓

勵與關心。此策略即行為主義所說的消弱不適切行為，以及配合正增強其他替代行為，普遍發現效果良好。當小明的社會地位逐漸被重視與接納後，教師接著再利用形塑策略，逐步漸進幫助小明建立建設性的社會行為及合適的學業技巧。

3. 社會支持系統間聯合互補以增進輔導效果

教育環境中的微小變化會造成學生學習經驗的些許改變，隨著時間推移，可能會對整體動機產生顛覆性的變化，明顯影響學生的學習投入和學習成果。

許多研究均指出，不同來源的社會支持各司其職，且具備不可取代的重要性，缺一不可。案例中陳述小明為獨生子女，父母分居，很少提到母親或是平日的家庭生活。夥伴教師私下會與小明聊聊，滿足其引起注意與被關注的動機，但家庭支持系統的不健全，可能是小明的改善程度仍然有限的原因之一。因此，輔導過程中如何協助家庭發揮相輔相成的正向教育功能，將是扭轉小明學習困境的關鍵因子。

案例 2-5

幫助好動孩子變好學！

關鍵詞：班級規範、學習狀況不佳、家庭關係

一、夥伴教師的情境敘述

在夥伴教師任教的國中班級裡，有一位好動的學生大寶（化名），讓任課老師和導師都很頭痛。

他平日上課常常擾亂課堂秩序，跟旁邊的同學聊天，或者未經許可即頻頻主動發言，造成老師的上課屢受打斷，無法完成整堂課程。他的干擾行為情節多數不算嚴重，老師多半僅以口頭警告，他的態度也仍算良好，只是每次上課都會發生，無法有效解決。大寶平時下課時間，也常有不適當的行為，被導師不斷的提醒，甚至有一次還讓導師將他帶離班級。

舉例來說，在某一次的上課中，老師請各小組討論下次上炊事課程時應該要帶的食材，因此開放各組討論。在討論的過程，大寶就不斷與同學聊參與線上遊戲的事情，聊得非常起勁，老師一出現在眼前，他就閉上嘴巴，但老師一離開視線，又馬上與同學聊起來。此舉讓老師相當生氣，因此老師就請他與另一位同學起立，站立省思10分鐘。類似這樣偏離上課主題的情形反覆發生，讓夥伴教師頗為困擾。

二、關鍵人物相關背景描述

1. 學生學習方面

大寶在夥伴教師的課堂中學習狀況不佳，上課無法專心聆聽，也曾因作

業未完成，讓導師要求該生於課餘時間到導師室補寫作業。此外，他與班上同學之間的人際關係不佳，他無法判斷行為是否恰當，常與同學發生爭執。進一步與導師討論後得知，大寶過去曾經參加森巴鼓隊，喜愛活動，也滿喜歡表現自我的能力。

2. 學生家庭方面

哥哥目前就讀國中三年級，並曾被醫師確診為過動，老師也曾將大寶的上課情形告訴媽媽，但家人不太能接受大寶有疑似過動的說法。特別的是，大寶在班上的成績為中上程度，屬於聰明的孩子。他喜愛自然學科，遇到喜愛的事情也願意認真的應答。唯獨許多行為方面，無法有效的自我管理。

三、關鍵問題

課堂上，大寶頻繁的發言已無形中干擾了課程的進行，使得教師教學中斷、同儕不易專心學習。應該如何解決教師教學的困境，也協助大寶學習呢？

四、教學輔導教師的建議和協助

1. 先從課堂常規秩序著手

建議夥伴教師，應先建立良好的發言機制，例如：先舉手再發言，沒有舉手就發言的同學，老師可以予以消弱。

2. 在課堂外適度的提醒大寶

建議夥伴教師先予以肯定，建立師生良好的正向關係，例如：先肯定發言都很正確，你的觀點與同學不同，給學生正增強。同時，也提醒大寶，什麼是適當的發言時機，何謂良好的行為舉止，讓該生更清楚如何發問、如何提問題。

3. 盡可能提供真實學習情境或合作學習的機會，來提升學生學習動機

引起動機為成功教學的重要步驟，而提供真實的學習情境或合作學習機會，可以幫助學生學習。例如：夥伴教師在教授炊事相關的課程前，可以先帶學生到家政教室參觀，透過實際觀察情境，加深學生對於學習主題的印象。

4. 搭起夥伴教師與導師之間溝通的橋梁

因為教學輔導教師自身與導師曾有過討論合作的經驗，所以教學輔導教師也主動聯繫導師，向導師說明夥伴教師的用心投入，進一步提到夥伴教師面臨的困擾，希望就大寶的課堂學習問題，未來可以彼此聯繫討論。

五、事件結果或心得感想

1. 發現學生的成長

針對大寶學習的專注、發言及干擾情形，教學輔導教師採用「在工作中」與「語言流動分析」兩種工具進行觀察。結果發現，經由合作學習活動、實際情境的設計，大寶在學習專注程度上的表現逐漸有所進步；語言流動分析成果則發現，雖然他仍是全班發言次數最多的學生，但干擾次數則已顯著減少。

2. 同時考量其他學生的學習權

當老師在處理個別學生的問題時，常常陷入全班只有這一位同學的迷思。實際上，在教室裡仍有其他二十多位同學，所以在後續的課程教學設計上，不應該只符合單一學生的需求，仍然應該思考如何普遍提升全班學生的學習動機，才不會形成另一種的偏見。

3. 教師對於特殊生應主動了解學生背景

了解大寶的家庭背景、家長管教態度等，才能掌握他的行為特性。了解與掌握之後，一方面在師生溝通時，可以更深入的理解學生的心情，讓學生感受到教師的關注與用心；另一方面，也與當代教育重要議題之一提到的教師正向情緒管理有關，如果能多了解學生，相信在學生行為問題的處理上，教師就比較不會暴怒，可以更加圓滿的面對與解決。

4. 學生如何發問也是一門課程

從本個案的討論中，教學輔導教師與夥伴教師都發現到，學生應如何發問，發言時應該如何表現尊重的態度，似乎從小到大並沒有此類課程教導學生。因此，教師應該安排非正式課程，來教育學生發問、發言的禮節，以及

遵守發問、發言規範的重要性，這應該也是我們要培養學生適應未來生活的重要能力之一。

案例回饋

回饋（一）

　　從案例中可以看出夥伴教師深受大寶課堂中頻繁發言、干擾教學之苦，而教學輔導教師也提供夥伴教師一些建議，包括：(1)先從課堂常規秩序著手；(2)在課堂外適度的提醒大寶；(3)盡可能提供真實學習情境或合作學習機會，來提升學生學習動機；(4)搭起夥伴教師與導師之間溝通的橋梁等。除了上述所列建議外，以下也提出一些不同角度的思考面向供做參考：

　　1. 大寶的成績在中上程度，而且遇到他喜愛的自然學科或事情，也願意認真應答，因此建議老師可以去看看大寶在上自然學科的情形，觀察他在班上與老師的互動，課後再予以肯定，以初步建立師生之間的友善關係。

　　2. 老師先訂定發言規範及應有的禮貌，並讓學生清楚明白，例如：上課發言內容必須與課程有關聯、每人可以發言的次數、為求公平老師可以指定學生回答、尊重每位同學的發言等。對於能確實遵守的同學給予獎勵，對未能遵守發言規範的同學也有相關處罰措施。

　　3. 老師可以善用學生的優勢，案例中提到大寶曾參加森巴鼓隊，喜愛活動，也喜歡表現自我的能力，因此應多思考結合他喜愛的活動來引發上課動機，使他有表現的機會，更能滿足其成就感，並且進一步賦予學生相關職責，以培養其責任感。

　　4. 有人說：「提出一個好的問題，比找一百個答案更有價值」。「提問」（questioning）是增進課室互動、提升學生智能發展的有效方法之一。「提問」也可以作為一種教學策略與技巧，在不同學習領域（key learning areas）的教學上有效地運用，可以提高學生參與課堂學習興趣，讓學生知識獲得增長。西方教育也比較擅長引導學生在課堂上多發問。而要有效地實踐提問教學，教師自己必須同時發展出引導學生積極參加問答活動的技巧，當教師引導得宜，提問就能更正面地發揮它的教學功能。

5. 老師上課安排小組進行討論時，討論題目的設計很重要，必須了解不同類型的問題層次能如何提升學生的知能。而且討論的題目也必須是學生能力所及，並且要顧及能提升學生高層次思考。例如：在本案例中，老師除安排小組討論下次上炊事課時應該要帶的食材，也可以讓學生討論有關創意料理的設計。此外小組討論的方式也可以做點安排，例如：在提出討論題目後，讓組內每位學生自己先寫下自己的想法，再輪流發表，互相給予回饋並討論。

6. 教學輔導教師利用了兩種教學觀察工具（在工作中、語言流動分析）入班觀察，可以利用所蒐集到的客觀具體事實證據，在課後與大寶溝通。先對他專注程度上的進步表現給予正增強，再引導他思考如何能在課堂上與老師的互動中，問出一個好問題。

回饋 (二)

「興趣」是最好的老師，而「好奇心」是課堂學習的原動力。108新課綱的核心精神便是提供每個學生有感的學習機會，並強調三面九項核心素養的培育，也讓學生在課堂中能積極參與，建立良好的人際關係，提高學生課堂學習的主動性。因此，教師的課堂授課應布置及準備相關素材，透過適度引導，以及使用相關學習資源或是工具，引起學習動機，並在學習歷程中學到重要知識、技能及態度。以下對教師的課堂經營，提出幾點具體建議：

1. 課程的設計主軸需重視引起並維持課堂學習動機

現今為數位學習世代，教師可以運用多元方式強化課堂學習，例如：線上實境遊戲、熱門影片欣賞、網路熱門時事討論等，都能有效吸引學生對學習問題的關注，進而結合人、事、時、地、物等五大面向，讓學生感受到學習的需求或價值。尤其有效使用科技時，可以適度激勵和吸引學習者，提升學習動機，增加問題探究的廣度與深度，獲得更好的學習效果。當然也可以透過正反思辨的主題角色扮演，合作進行闖關活動，或者透過高層次思考推理遊戲來聚焦解決問題的知識基礎，引導學生建立概念理解與遷移性，或者藉助提問，激發不同觀點的思辨性問題討論，巧妙安排教學流程，共同炒熱學習氣氛。

2. 維持教室良好的學習秩序，具體提升課堂學習成效

對於學習中過於積極發問或是經常干擾課堂學習進行的學生，無論如何，教師應主動了解該生過往的學習狀況與有效的管教方式。必要時，應安排適切的學習任務，引導其專注課堂學習，或是安排小組討論及實作活動，讓課程順利進行。當然，亦可安排了解這位學生的班級專屬學習夥伴共同協助，相信在同儕的關照與約束下，必然能夠適度減少問題的產生。而在課程進行中，教師也應給予適當表現機會，肯定其自身價值，提升參與的成就感。

此外，與孩子家長適度溝通，透過家長協助與督導，共同建立課堂良好的學習態度，也是重要的一環。當然，也可以透過學校重要他人的協助，讓學生儘早適應與熟悉課堂學習主題及秩序管理方式，包括養成舉手發問、或是在討論時該如何有效地回應他人的期望等。良好的班級學習氛圍，高度依賴於尊重——教師對學生、學生對老師，以及學生之間互動的相互尊重。因此，教師必須透過民主程序，讓班級師生共同建立尊重的課堂環境。在相互尊重的情況下，才能使課堂進行有意義的討論。

教師針對單一個案的管理，切勿淪為意氣之爭的僵持，以致耽誤全體學習的進行。俗語說「你不可以阻止鳥從你頭上飛過，但你可以阻止鳥在你頭上築巢」。

對於教室單一突發狀況，教師應迅速掌握、有效處理，儘量以不影響全體課堂學習為原則。課後則可主動請教資深有經驗教師，發展出有效的管教策略，或是申請學校協作教師共同進行有效的教室管理。

3. 營造以學習者為中心，激勵自發、互動、共好的團隊學習氛圍

學生從小到大的成長歷程中，花費許多時間浸淫在學校的學習天地中，在構思、在猜測、在磨鍊，將思維不斷的推進，感受到學習的成就感。在團體學習環境中，教師要建立相互尊重與支持的課堂環境，特別是課程設計上可以讓學生能先針對學習主題進行個別思考、寫下想法後，再進入分組實作中的分工合作與對話分享，讓學習者能勇於學習、接受挑戰，享受不斷思考精進的學習歷程。尤其綜合領域的生活課程學習，不但可以激發團體的學習

興趣與創造力，更可以活用知識與技能，以及培養情意態度等各面向素養，領略其中的內涵與美感。教師讓更多的學生能聚焦在課堂學習中，讓不同程度學生可以共聚一堂，腳踏實地，一起參與、研究及展現，並激勵同學間的相互省思與團隊合作分享，如此課堂的學習變成了以學習者為中心的互動模式，可以使教室的學習更流暢、更具效能。

108課綱期望具體提升學生的自主思考能力與自信心，以素養為導向建構，並融合其他相關領域的知識能力。綜合領域的課程設計尤其可以適當的將科技或網路等學習資源融入學習活動中，讓不同能力的學生皆能主動學習、樂於學習、精於學習及享受學習。尤其結合108課綱主題式課程的真實生活經驗與應用，鼓勵團隊共同思考、動手、創新，在精彩的學習內容中展現，並運用高層次提問與動手嘗試創造等適性學習的舞臺，讓每個學生都能朝向自己的理想邁進，相信必然可以具體呈現學習亮點，探索自我、發展海闊天空的未來。

第三篇

人際衝突調解

案例 3-1

亦師亦友？

關鍵詞：師生關係、師生溝通、師生衝突

一、夥伴教師的情境敘述

　　高職二年級學生小蕭平時與夥伴教師相處融洽，但沒有師生應有的分寸。說話與互動方式有時候會比較偏向朋友相處，而不是對待師長應有的態度。有一天夥伴教師在課堂上發現小蕭一直在看課外讀物，於是提醒小蕭收起課外讀物並專心上課。小蕭自認為與夥伴教師感情還不錯，於是便向老師說正看到精彩的地方，不要打擾他。

　　夥伴教師認為在全班同學面前被小蕭直接挑戰管教權，便大聲喝斥小蕭的行為，而自尊心強且非常愛面子的小蕭也拍桌子大聲回嗆夥伴教師：「只不過看一本課外讀物，需要那麼大聲嗎？」接著，不斷的以髒話辱罵，甚至想找夥伴教師單挑，師生雙方怒目相對，僵持不下，誰也不願向誰低頭。此時，隔壁班的任課教師聽到爭吵聲音，過來了解並詢問是否需要幫忙。隨後便請班長帶小蕭到教官室，並向教官說明事情發生經過。

二、關鍵人物相關背景描述

　　小蕭同學來自於單親家庭，平日父親只顧著賺錢，沒有時間關心了解孩子，所以小蕭會去做一些惹父親生氣的事，來獲取父親的關注，久而久之，父親認為無法管教小蕭，進而放棄他。

　　小蕭在學校與夥伴教師相處互動，讓小蕭有被關注的感覺，且平常私底下跟夥伴教師說任何目無尊長的話都不會被大聲責備，只會被輕聲告知不可

以這樣對師長說話，以至於讓小蕭認為夥伴教師是好朋友，可以不用以對待一般師長的方式與其互動。

夥伴教師不清楚小蕭的家庭背景，平常會在課堂上或課餘時間跟小蕭講話抬槓，他純粹認為小蕭只是愛開玩笑，沒有太大的偏差行為，所以不會特別去導正小蕭的觀念與行為。他也擔心太過嚴厲會使學生害怕老師，進而討厭課業學習，因此在課堂上不會嚴格要求良好的上課秩序。

三、關鍵問題

1. 從不同角度去看同一件事，學生與老師的認知差異會差很多。夥伴教師與小蕭對於師生之間互動關係的認知，為何會有這麼大的差異？夥伴教師應如何建立好與學生相處應有的分寸？

2. 面對師生爆發衝突時，應如何處理方為妥適？

四、教學輔導教師的建議和協助

造成此次師生衝突的主要原因為「認知差異」。表面很衝、很叛逆的孩子，內心多半很脆弱、需要關懷，平時多了解他，發現有異狀時多一點關心，就很容易收服他的心。

當師生發生衝突時，因為平時奠定的信賴關係，會使事情比較容易處理。首先要協助學生了解，他正在玩一個糟糕的人際互動遊戲，結局一定是教師與學生不歡而散，彼此皆輸，現場沒有任何人得到好處。要耐心聽聽孩子的想法，因為可能會有意想不到的效果。其後再延伸去教導改正該生與老師互動必須有適當的分寸，知道什麼是合宜、尊重的說話方式。這些改變都必須建立在有一定程度的師生信賴關係上。

如果衝突就發生在眼前，最基本的原則就是「從衝突中撤退」。尤其不要當著全班的面處理學生的行為問題，因為所有學生都在「看戲」，會助長當事人的氣焰。如果情況真的需要當下處理，而你的情緒已經無法控制，趕快找其他老師或輔導室來協助。在此，建議老師可以思考下列幾點，來面對師生衝突：

1. 先冷卻情緒，理性面對問題。

2. 暫時迴避，由第三者處理。

3. 不要孤軍作戰，嘗試和家庭、學校多方面的合作，加強疏導與輔導。

4. 後續對學生的追蹤輔導很重要，必須持續關懷學生一段時間。

5. 教師應儘量避免用權威方式與學生互動。

6. 善用獎懲原則，公開獎勵，私下處罰，避免當眾責罵學生。

7. 讓學生了解事件碰觸到自己的哪一部分，而讓自己不高興。

8. 指導學生學會適當的情緒表達方式，以及學會用理性的態度、言詞，向老師表達自己的感覺。

五、事件結果或心得感想

在雙方冷靜下來之後，小蕭自己省思了自己為什麼生氣，以及為什麼不願服從夥伴教師的管教。他告訴輔導室老師，他沒有站在老師的角度設身處地去想，非常後悔做出這行為，並向夥伴教師道歉。夥伴教師願意原諒小蕭，也知道了小蕭的家庭背景與其投射心理，將會明確告知小蕭師生之間的分寸，並且重新建立兩人間良好的師生信賴關係。

老師和學生彼此的認知一旦有了誤差，再加上缺乏善意的溝通，很容易導致衝突事件的發生。教師是教室裡最有決定力的人，師生衝突事態的擴大或化解，教師的應對往往是決定性的關鍵。所以不論在任何情況下，教師都應該要謹言慎行。總之，建立良好的師生關係，加上老師適切的身教，是創造良好學習環境與氛圍的重要因素。

案例回饋

回饋 (一)

學生的家庭背景環境因素，有許多是我們教師無法掌控的。有些學生在家庭功能失調的環境中成長，缺少正面的教導和管教，其價值觀和我們在學校強調的可能相反。雖然學生在學校出現的挑釁行為，無可避免的會受到家

庭因素的影響，但也可能是從學校中習得，因此教師應該避免將學生在學校的挑釁行為全部歸咎於其家庭環境。

當學生出現挑釁行為，老師或家長不宜太輕易「原諒」或過度懲罰學生的挑釁行為，以免無形中增強這些具挑戰性和破壞性的行為。因此，在小蕭這一個案例上，教師可以思考以下幾個面向：

1. 關注「初級行為」，而不把焦點放在「次級行為」

老師管教學生課堂看課外書、不專心聽課的不當行為（初級行為）時，學生可能會以頂嘴等語言和非語言行為回應老師的管教（次級行為）。在此時，夥伴教師應該盡可能的將管教重點放在停止看課外書、專心聽課的這個初級行為上，若是過度關注了學生頂嘴之類的次級行為，將有可能升高衝突，或者增強學生後續故意引起注意或尋求權力的行為。

2. 教師情緒管理能力

夥伴教師面對令自己生氣的事件、情境與行為，可以做適度的情緒表達，但必須針對問題，避免人身攻擊，尤其是在面對同時也在生氣的學生時特別重要。教師可以降低聲調與緊張感受，和緩的表達：「我生氣，是因為……」。等到雙方冷靜後，夥伴教師再與學生一起坐下來談一談，簡要且清楚地解釋你在那個時候生什麼氣，以及為什麼生氣，並讓學生做回應，以期雙方了解彼此的意識和情感。夥伴教師在此時要強調學生的行為如何影響其他人的基本權利，最後並討論日後「我們」將會如何處理類似的問題。

3. 運用行為後果技巧糾正學生行為

夥伴教師應告知學生其錯誤行為連結的行為後果（處分或懲罰），並告知若有正確行為將連結的行為後果（獎勵），提供學生選擇，強調合理與公正，進而教育學生負起學習上的自我責任。

回饋 (二)

老師的教書生涯絕大部分時間是在教室裡與學生一起度過，如何與學生互動、建立並維持良好的師生關係，是老師成功的重要關鍵，若師生關係良好可以提升學生的學習效果，也可以使學生獲得更佳的身心適應。然而，在

現今社會變遷劇烈、社會文化不良的影響下，學生的問題日益增多，老師與學生的互動也比以前更複雜，師生關係面臨新的挑戰。因此，如何因應學生問題，有效避免師生衝突，成為現代教師必備的能力。

此案例中的夥伴教師，因為上課時與小蕭同學發生嚴重衝突，致使雙方在當下情緒都受到很大的影響。事後經由輔導室老師與小蕭晤談，學生願意向夥伴教師道歉，而夥伴教師也能接受學生的道歉，事件算是告一段落。

師生衝突也許會導致雙方的不愉快，但衝突本身卻也可以促進教師態度、觀念、言行、教學的轉變，也提供學生學習的機會，以及增進師生的互動。若能化此危機為轉機，不失亦為一種成長與學習。

深究本案例，夥伴教師在當下會大聲斥責學生，主要是因為學生挑戰了老師的管教權，因而激起了他的情緒。換言之，夥伴教師勃然大怒，是因為學生的「次級行為」而引起，致使他沒有及時聚焦處理學生上課看課外書此一「初級行為」。由於「次級行為」通常比「初級行為」更加令人煩惱和感到壓力，因此教師往往會將管教重點移至學生的次級行為，導致管教問題更趨複雜。所以，當教師與學生互動時，要能區別初級行為與次級行為，更重要的是要能聚焦於初級行為，而不要成為次級行為的俘虜。

在大多數的師生衝突實例中，經常都是因為教師有著權威性的人格，認為學生必須絕對服從，甚至會以不當的言詞責備學生，或者以不當的處罰方式懲戒學生。當學生覺得自尊心或其個人利益受到傷害時，學生便會興起反抗之意。所以，教師應該以更對等的態度去看待師生關係。

此外，教師應有自我情緒管理的能力，同時也要能有安撫學生情緒的能力，以期降低彼此在情緒上的對立。當不悅的情緒出現時，教師要敏銳覺察自己不愉快的情緒，同時反覆提醒自己：冷靜面對一切，千萬不要隨自己憤怒的情緒起舞。並記得要給彼此一點時間來冷卻情緒，待雙方平靜之後再進行溝通。在師生溝通中，教師不必一定想占上風，因為有時逞口舌之快，贏了面子但會輸了裡子，而破壞師生情誼。

再者，此案例中的夥伴教師平時與小蕭同學互動時，未能清楚拿捏師生界線，致使學生認為與老師的關係良好，在互動中就較不知分寸。所以，老師們雖然要積極的與學生建立信任關係，但同時也要在與學生的互動中，教

導學生對師長該有的尊重與禮貌，讓學生知道師生互動的底線為何。

　　最後，當家庭功能日漸式微時，師生關係就益發顯得重要。夥伴教師如果能對小蕭的家庭背景與成長歷程有更深入了解，知道他是一個需要被關注、陪伴的孩子，並能協助他去找到自己的優勢能力，看到自己的亮點並自我肯定，相信對增進師生關係將更有助益。

案例 3-2

從女廁出來的阿西

關鍵詞：價值觀、師生衝突、師生溝通

一、夥伴教師的情境敘述

男學生阿西上課上到一半向夥伴教師要求上廁所（大號），夥伴教師允許他去，但一直到下課前，都沒有看到他回班級上課。廁所就在教室隔壁，夥伴教師便走到廁所察看。當老師走到男廁時，卻撞見阿西從女廁走出來，夥伴教師隨即火冒三丈，糾正阿西的不當行為，但阿西絲毫沒有悔意，還頂撞老師說：「有什麼不可以！」夥伴教師更加生氣，與學生對嗆起來。隨後，夥伴教師叫學生到辦公室輔導，但雙方怒氣未消，又是你一句、我一句，雙方口氣愈來愈差，學生不服老師糾正，一副無所謂的態度。

二、關鍵人物相關背景描述

1. 阿西本學期才從他校轉入本校就讀，平時常規不佳，經常無法安靜下來上課，還影響到班上其他同學的學習。據多位任課老師反映，該生不是講話、搗蛋、偷玩手機、藉故要上廁所，就是趴著睡覺，經常違反校規，屢勸不聽。

2. 阿西來自單親家庭，現與母親同住，家裡只有阿西與母親兩人，母親較寵愛這孩子，對孩子在校違規的事情，雖有口頭規勸，但似乎沒有太大的約束力。

3. 夥伴教師是本校電子科任教老師，平時上課要求學生頗為嚴謹。擔任導師期間，學生一切必須聽從其命令行事，沒有妥協餘地。與學生有意見

相左時，脾氣會馬上飆升，大聲責罵學生，學生只是表面服從他嚴厲的口氣，並非真正心服口服。

三、關鍵問題

　　夥伴教師因該生上廁所太久，二十幾分鐘仍未回班級上課，又撞見該生從女廁出來，在此種情況下，認為該生以上廁所為名，故意不上課，又出現在不該出現的地方，因而破口大罵，訓誡該生，導致血氣方剛的學生面子掛不住，心生不滿，出言反擊，致使師生雙方對嗆起來，場面難堪。應如何調解處理此次的衝突，以及給予學生適當的輔導？

四、教學輔導教師的建議和協助

　　1. 建議

　　(1) 雙方先冷靜下來後，讓學生說出其行為原因，先了解其行為動機及想法。

　　(2) 針對該生錯誤的觀念再逐一給予說明，導正偏差的觀念，譬如：阿西認為在家沒有區分男廁、女廁，在公共場所為何要如此區分；既然已經向老師報備要上廁所，就可以藉此一直拖到快下課才進教室等。

　　(3) 現今的學生自我意識非常強，很難屈服在強壓與灌輸式的說教，應該找一間輔導諮商室，面對面溝通與輔導，避免在大庭廣眾下直接訓斥說理，讓該生沒面子，進而互相對嗆。

　　2. 協助

　　(1) 先讓雙方回班級上課，冷卻激動起伏不安的情緒。

　　(2) 等學生情緒較為緩和後，再請學生到導師室說明或用書面陳述。

　　(3) 再逐一告知學生其所違規的行為，以及錯誤的偏差觀念。

　　(4) 讓學生了解老師乃是出於一片善意，告知學生錯誤行為及偏差概念，以免學生未來在社會上因觀念偏差、錯誤行為而犯法。

　　(5) 委婉規勸夥伴教師避免使用暴怒的口氣，告知現今的學生愛面子、自我意識強烈，很難接受如此強壓的管教方式。

五、事件結果或心得感想

1. 事件最後的結果

經過前述處理，先沉澱心情，說明原委並輔導後，學生能了解老師的善意，也認知自己偏差錯誤的行為，願意加以改進。

2. 心得與感想

(1) 學生行為雖然不對，但不讓學生完整陳述理由，只是一味強壓式的責罵，礙於面子與自尊心，學生也會強力反駁，既沒有能好好輔導學生，也沒有改進其錯誤行為，反而更增加師生之間的誤解與對立。

(2) 當發現學生犯錯時，先以委婉的口氣告知犯錯的行為，不要以暴怒的方式責罵，以免激發學生產生次級行為。

(3) 事後再找時間，利用輔導室的諮商室，私下找學生談談，以對事不對人的方式，卸下心防，才能無所不談，也才能溝通輔導。

(4) 老師的輔導方式要有所改變，這種強壓式、唯我獨尊的命令方式，較不被現處高中階段、叛逆心強的學生所接受。

(5) 可藉助其他有經驗的老師協助與輔導，如此可避免師生之間的衝突。

(6) 適時告知家長其子女在學校發生的事情，並與家長保持聯繫，共同輔導學生的偏差行為。

案例回饋

回饋 (一)

夥伴教師對於學生的常規表現有高度期待，平時上課要求學生頗為嚴謹，阿西無法聽從老師指導行事，不願接受師長教誨，容易被判定為自我中心，具有反叛性格，甚至也可能被歸類為對師長不敬的學生。

出身於單親家庭的阿西，長期缺乏父親的關愛，可能不利於人格的發展。平日在校生活常規不佳，除了課堂中無法安靜專心聽講、搗蛋、偷玩手機、藉故上廁所及趴著睡覺外，還經常違反校規，頂撞師長，屢勸不聽，教人聽了生氣。

　　阿西為高一學生，正處於青少年情緒紛擾不穩定及具有易衝動性、爆發性的階段。針對阿西的偏差行為，若採取壓制或懲罰性措施，可能成效不彰，需要藉助適當的引導及輔導，而師長的了解與接納是促進學生心理健康的最有效途徑。

　　本案例中，師長可以不同意阿西的行為，但需接納他為有尊嚴的個體且相信學生所有的行為都有其原因。教師可以直接對他說明男生進女廁並不妥適，因為這種行為容易引起他人的誤會，也可以詢問他進女廁的原因。教師在大庭廣眾下直接訓斥說理，或進行武斷式的批判，對於緩和緊張的師生關係毫無助益，應該要注意避免發生。

　　教師良好的情緒管理能力是輔導與管教學生成功的重要因子之一，幫助學生了解自己的言談和行為存在的問題時，宜採用溫和而具體的對話模式，讓學生產生自行矯正的動機。例如：學生不專心聽講，教師可以說：「你有聽懂嗎？需要老師重講一遍嗎？」避免使用命令或威脅的語氣說：「你再不專心聽課，我就要把你……」相信學生都有求善求美的動機，讓學生感受到師長對他的尊重，就有自動改正的契機。

回饋（二）

　　師生衝突是課堂中相當容易發生的事情，一般而言，師生衝突指的是師生之間因意見不合、認知差異或感情不睦而引起的爭執。造成師生衝突的原因很多，包含學生因素、教師因素或其他種種因素。教師長期面對師生衝突事件，容易產生挫折感，也容易導致教師漸漸流失教導學生的意願。依據案例描述，個人提出以下幾點看法：

　　1. 師生衝突的預防

　　師生衝突皆非師生及家長所樂見，因此，事前預防重於事後處理。雖然預防師生衝突並非易事，但仍然可以有所作為，例如：

　　(1) 教師處理學生問題能有彈性。

　　(2) 教師處理學生犯錯時，能給予學生說明解釋的時間與機會。

　　(3) 教師能與學生建立互信關係，平時多接觸學生、了解學生。

(4) 教師能培養幽默感，適度化解可能引發的衝突。

(5) 教師能具備良好的情緒控管能力。

(6) 教師能養成不在大庭廣眾下責罰學生的習慣。

(7) 教師能暢通學生抒發的管道。

本案例中，阿西是轉學生、單親，在校常規不佳，常藉故躲避上課，是何種原因造成他不能安於課堂學習，教師應該予以探究。是學習動機低落？或學習能力不足？抑或是課程教材無法吸引學生？又或是有其他問題，導致學生屢次做出擾亂課堂的行為？建議由導師與任課教師共同討論、研商，針對阿西的行為找出可能的原因及因應的策略，避免師生衝突如不定時炸彈，隨時可能引爆。

2. 課堂規範明確但有彈性

阿西常藉故上廁所，班級任課教師得針對上課期間上廁所此事，提出全班統一的準則規範，此規範並非特意針對阿西個人，可以避免造成標籤作用。再者，學生的生理需求必須被重視，所以當上課時間學生提出上廁所的要求，教師應酌情同意，但當學生過度要求於上課期間上廁所時，教師可應於課後約談學生，了解學生的需求並加以規範。衝突事件中，阿西離開教室去上廁所，時間長達20分鐘，期間若學生發生意外或學生趁機有違規行為，對於任課教師也是一種傷害，不可不慎。

3. 了解學生行為背後的聲音

本案例中，夥伴教師應該是勤管、勤教、認真的好老師，但面對學生無法順應其要求的時候，處置比較缺乏彈性，習慣以動怒方式讓學生遵守其要求。然而，面對重視同儕看法及具有強烈自尊心的青少年，若常以當面怒斥的方式管教，則極容易發生衝突。一般而言，青少年並非心中無是非觀念，但更在意同儕之間的看法。在公共場合面對教師的怒罵而因此屈服的話，會擔憂日後被同儕看輕，在同儕間抬不起頭來，因此經常會武裝自己，向教師進行抗爭。學生也可能因為想合理化自己的行為，而做出反抗權威的舉動。如果教師無法做出有效的處置，可能會讓學生更合理化自己的行為，日後在相同的情境下恐怕再次選擇衝撞教師，以滿足其個人內在需求。

4. 先處理情緒再處理行為

這件事說起來容易，但面對的時候卻沒那麼簡單。前文提到，師生衝突是可以預防的，平時做好情緒管理就是方法之一。本案例中，夥伴教師發現阿西上廁所久而未歸，並且從女廁出來，怒從中來，似乎理所當然。但雙方都處於情緒高漲時，事情的本質就容易被忽略。相較於學生，教師畢竟是比較成熟的個體，在衝突事件中應立於一定的高度，雖然教師不能認同學生的行為因而感到生氣，但仍應先處理自身的情緒，避免讓學生因防衛機制而引發衝突。本案例中，教師若可以在自身情緒緩和後，和同儕討論處理的方法，再安排適當的晤談，詢問學生遲遲未歸及到女廁的原因，較能讓學生感受教師是關心而非指責。如果學生對於不同性別使用的廁所有認知錯誤，可以加強學生的性平議題概念；若學生因其他因素而使用女廁，可以轉介到輔導室，以提供更多協助。

師生衝突是可以預防的，而突發的衝突事件也是教師提供良好身教的最佳時機，教師可以思考、選擇對學生成長最有利的方式來處理衝突事件。面對師生衝突，我們都需要明白：「預防勝於治療，身教重於言教。」

案例 3-3

小五學生的地下經濟

關鍵詞：遊戲交易、金錢交易、同儕衝突、親師溝通、教師定位

一、夥伴教師的情境敘述

　　五年二班的王小弟有一天午餐過後哭喪著臉跑去找導師：「我的2000元被偷了！怎麼辦？」有經驗的林老師不動聲色，拿出柯南辦案的精神，抽絲剝繭，下午放學前就把事情查了個清楚。原來是教室裡有「地下經濟」行為，立即通知家長，並勸阻學生以後避免攜帶與學習無關物品或是超過200元的現款到校。

　　沒想到當晚家長之間互相詢問，第二天事情全面爆發，原來六個班級中都有大量的金錢交易或是「以物易物」的商業行為出現，交易已達月餘，令人驚訝的是買家或賣家彼此都還相安無事，若不是這一次王小弟的金錢失竊，孩子們的「事業」不知會做多大！

　　據了解，有部分學生在課後安親班時為了炫耀或是爭取友誼，會將自己稀有的或是限量出品的遊戲卡拿出來以金錢交易，或是用「以物易物」的方式釋出。這種行為在四年級就已經發生，但是當時的班級導師群認為願者上鉤，同儕之間沒有發生爭執糾紛，且交易金額多是數十元而已，所以當時默許這樣的行為。豈料，如今的交易金額已達上萬元。

　　整件事情是因為學生付不出錢來而開始有偷竊或爭吵才爆發出來。五年四班導師在安親班告知學生之間有巨額金錢交易之後，立即請學生來問話，訓令將交易的來龍去脈書寫交代清楚，並請家長閱後簽名；歸還遊戲卡及價金，並且告誡學生在學校不得再有金錢交易。但導師仍受到家長及校方責

難，而覺得很難過。

二、關鍵人物相關背景描述

　　事情發生的學校為中小型學校，一個年級只有六班，學生從小一到小五經過兩輪的分班，彼此已相當熟稔，從四年級就已經開始「練功」的「地下經濟」，各班都有學生介入，相關學生家庭多半富裕，平時學生成績也都不錯。

　　學生不了解的是四年級可以如此交換或是買賣遊戲卡，為什麼升上五年級就變成「邪惡產業」？眾位「投資客」對於學校的規定或是老師的禁止忿忿不平，老師也因此每天有回不完的聯絡簿留言和手機簡訊。

三、關鍵問題

　　1. 無論是在學校或在校外安親班發生的衝突，學校老師都需要處理嗎？

　　2. 家長對於學生脫序的行為大多解釋孩子在家很乖，都是被學校的其他學生帶壞的。家庭教育需要扮演怎樣的角色呢？

　　3. 導師要怎麼做，才能讓學生和家長了解師長的用心？

四、教學輔導教師的建議和協助

　　1. 無論是在學校或在校外安親班發生的衝突，學校老師都需要處理嗎？

　　學生進到學校就是我們的責任，無論是正式課程或是安親班發生的事，與其推諉逃避，不如提起勇氣扛起。了解事情的始末，說清楚道理，以懷柔政策加上法治教育，軟硬兼施，最後告訴孩子無論發生什麼事，老師都愛他，知錯能改，善莫大焉。鼓勵孩子從「心」開始，該歸還的物歸原主，該道歉的誠心說對不起，雙方握手言和，以後還是好朋友。

2. 家長對於學生脫序的行為大多解釋孩子在家很乖，都是被學校的其他學生帶壞的。家庭教育扮演怎樣的角色呢？

家長的監護權是不得轉移的，孩子未滿18歲，所有的行為，不論發生在何處，家長都要負管教之責。教師要鼓勵家長一起合作，共同幫助小樹茁壯生長。

3. 導師要怎麼做，才能讓學生和家長了解師長的用心？

事件處理後，可以和家長做簡要報告，請家長不要責罵孩子，但要嚴肅告誡孩子不要將與學習無關的物品帶到學校。鼓勵小孩要正直向上，努力認真，總是要做對的事。我們是教育專業者，秉持真心誠意，做對孩子有益的事。家長若有不理性之處，我們多與家長溝通，家長就能接受我們的善意，造就親師生三贏的結果！

五、事件結果或心得感想

教師觀察到學生已經又玩在一起，家長也沒有向各方投訴，事件算是平和落幕。

我也很慶幸這起事件發生在現在，若是學生長大後到社會上發生交易糾紛或竊盜行為，後果可能更難以承擔。這起事件對學生而言，或許有著教育意義。

作為教育工作者，當遇有事情發生時，正是展現我們專業能力的時候，更是我們磨練教學技巧的機會。教師應有耐心與理性，以教育為出發點來處理教育過程中發生的爭議事件。處理完畢之後，向相關家長簡述事情發生狀況及處理結果，請家長理解孩子已經了解犯錯之處，並有悔改的心，透過家長與孩子溝通，教導孩子事情的正確做法，鼓勵孩子向善學習。

案例回饋

回饋 (一)

本案例係因發生金錢失竊事件，讓老師發現學生私下的金錢交易行為，並引起夥伴教師對於家長管教權、安親班與老師之間責任歸屬的討論。就此

案例而言，雖然金錢交易行為是引發偷竊行為的原因，但是偷竊行為卻是有處理時效的事件，所以本案例的處理順序應是先處理偷竊事件，再處理金錢交易事件，最後是建立老師、安親班與家長三方的溝通管道。以下將分別針對學生行為處理策略及學生管教權責來說明。

1. 學生偷竊行為之處理策略

(1) 分析學生偷竊行為的背後動機

臺北市士林地方法院和青少年輔導委員會將青少年偷竊行為分為以下幾種類型，從中可以看出青少年偷竊行為背後的可能動機：因情緒衝動受物質引誘而不能克制的衝動型；因家貧且父母疏於管教，急需物品而偷竊的經濟型；為反抗社會不公平而報復的反抗型；為減輕內心緊張的強迫型；在意識模糊狀態下不能克制衝動產生的癲癇型；自我墮落的墮落型；受英雄主義支配而為團體做事的集體型；缺乏法律常識及物權觀念的無知型，以及物質欲望過高的占有型。而本案例的學生會有偷竊行為是因為沒錢買遊戲卡，所以偷同學的錢，是屬於物質欲望過高的占有型的偷竊類型。

(2) 針對占有型偷竊行為學生之輔導策略

這類學生常受他人財物的刺激，存在著僥倖心理，再加上缺乏物權觀念，一時興起而產生占有的念頭。只要是人，都會有欲望，但要練習控制。父母、師長要教導孩子，很多東西我們可以欣賞，但不一定要擁有。老師可以朝杜絕欲望及控制欲望方面來輔導學生，教導所有學生妥善保管財物的習慣，以杜絕欲望；加強道德教育、自我控制訓練及物權觀念的教育，以教導學生控制欲望。

2. 學生私下進行金錢交易行為之處理策略

老師一定會三令五申的告誡學生，不要帶「與教學無關」的物品到學校，以免引起糾紛，除了擔心干擾上課專心外，另一個重要原因就是避免失竊、以物易物、買賣等行為之發生。除了一味的禁止以外，老師也可透過校園小物來引導孩子學習如何自我控制及正確的交易觀念。要引導學生擁有正確的交易觀念，其重點包括以下三點：

(1)具備正確的金錢價值觀

學生的動機其實很單純，想擁有的欲望很強烈，而「家人不可能買給他」，他就會自己想辦法。因此，要教導學生區分「想要」與「需要」。「想要」是指沒有迫切使用的立即性，而「需要」則是指生活所需的必要物品。假設學生總是優先考量「想要」的欲望，恐怕會養成不良的心理。父母、師長可以給予學生欲望延遲的訓練，引導學生想想：「為什麼要買這樣物品？這樣物品對我有什麼幫助？這樣物品值得用這個價格買嗎？我的錢夠買這樣物品嗎？我的錢不夠時怎麼辦？」

雖然金錢價值觀人人不同，但是老師可以利用機會教育，教導學生先了解「如何節制欲望」，再引導學生思考「金錢的價值」、「該怎麼花錢」，以及「控制預算」，讓學生從不一樣的角度去思考金錢價值觀。

(2)擁有物品所有權轉移的心理認知

不論是以物易物，或是買賣交易行為，都是代表物品所有權已經轉移給別人，這個物品就不再是屬於你的了，這是最重要的交易觀念。學生如果沒有這樣的觀念，一切的交易行為就會造成糾紛。班級中學生的交易行為與商店買賣行為有些不同，商店買賣情境下，物品賣出後通常不會再看到這件物品，但是班級或校內同學之間的交易，物品非常也可能還是會出現在原來持有學生的眼前，物權的心理感覺沒有消失。學生一旦後悔，想要取消先前的交易，就會造成雙方的糾紛。

(3)建立與遵守公平交易機制

學生間一定不能有商業行為嗎？這個答案不是絕對的，要取決於商業行為是否在公開、公平的交易機制下進行，例如：跳蚤市場、園遊會等就是公平交易活動。但是學生私下的交易行為，往往沒有建立公平交易機制，所以才會造成糾紛，而被老師所禁止。

3. 學生管教權責歸屬

教師因為基於學校教育的目的而享有教學自由，並由此導出教師對學生的管教權；同理，學生家長也因為其對於未成年子女有保護及教養之權利義務，並由此導出父母對子女的懲戒權。我國《教育基本法》第2條第3項明定

國家、教育機構、教師、父母應負實現教育目的之協助責任，因此在我國現行學校法制下，對於學生輔導與管教事務，學生家長與學校均享有學生管教權，共同履行協助學生學習之義務。換言之，學校教育責任不僅限於國家、學校和教師，家長亦應負起責任。平心而論，學校教育沒有家長的配合，其效果相當有限，故家長的教育責任至為重要。

回饋（二）

班級就像是社會的縮影，學生來自不同的家庭，擁有相異的文化習性，在團體生活中，難免會有歧見和衝突，甚至有偏差違規的行為。然而，透過民主的機制，共享的優質規範，以及有效的溝通對話，可以促進社會的穩定和發展。班級此一小型社會也是如此，班級「地下經濟」活動盛行，的確會危及溫馨和諧的班級文化。基於此，建議本案例思考以下做法：

1. 落實班級規範

班級是學生在學校學習的主要場域，班級文化的良窳攸關學生學習的成效。為營造友善溫馨的班級文化，提供學童優質的學習環境，建立並落實適切合宜的班級規範乃是具體有效的做法。尤其是在班級的日常活動中，若有諸如肢體衝突、校園霸凌、社交孤立、物品損毀、偷竊東西等偏差行為出現，教師應該要有較高的敏銳度，儘快察覺，一經發現，立即處理，以維繫班級規範，避免產生蝴蝶效應，讓問題逐漸擴大，對班級文化帶來不利的影響。

2. 重視理財教育

臺灣的學校教育並不重視理財教育，尤其是國民教育階段，有關理財教育的課程並不多，學生多數缺乏基本的理財及金融知識，以至於踏出校園後，沒有能力做好完善的財務規劃，甚至做出不理智的消費行為。有鑑於此，學校教師應在教育活動中，適時地融入各相關領域或主題，引導孩子建立良好的金錢概念，為未來長遠的理財規劃奠定知識基礎。具體而言，教師應該建立孩子對金錢運作的基本認知，讓孩子對賺錢、花錢、存錢、借錢、投資、保險等，有基本的認識和了解，同時也從小深耕正面積極的「看錢」

和「用錢」的價值觀。

3. 實施行為輔導

學生偏差行為的出現可能代表一種表徵或反映出一種訊號，提醒我們應該去注意其發生的原因。一般而言，學生會出現偏差行為的原因頗為廣泛，通常並不會是單一原因所造成，而若深入分析，可能涵蓋個人、家庭、學校、社會等多項因素。基於此，本案例的處理應彙整學生相關的家庭、學校、課後安親班等管道之訊息，家長、學校和安親班要彼此溝通聯繫，以進一步掌握行為問題的情境脈絡，釐清可能的原因，據以採取有效的輔導態度與技巧。舉凡積極關注、正向溝通、增強鼓勵、傾聽陪伴、同理關懷、行為矯正、認知改變、真誠接納、尊重體諒等，都是行為輔導所常運用的態度和技巧。

4. 重視親師溝通

學生所表現出來的偏差行為，多數都有脈絡可循，常能從日常的家庭生活或學校班級的團體生活中看出端倪。而親師之間若能密切聯繫，全面掌握學生在家庭、學校、安親班的行為表現訊息，將可以有效避免學生出現重大的行為問題。畢竟，在親師常保持聯繫，互通有無，緊密合作的關係下，學生的不當行為將很快被察覺，並在尚未釀成較大行為問題之前，能儘快地被遏止或糾正，不致衍生出重大的偏差行為。而這都必須仰賴親師平時的溝通聯繫，共同合作引導孩子的學習和成長。

案例 3-4

傷腦筋的分組課

關鍵詞：學習落後、同儕關係、師生溝通、親師溝通

一、夥伴教師的情境敘述

　　夥伴教師的四年級班上，有一位學習落後的同學小文，每次遇到分組時，總是沒有人願意和她同組，她本人也總是表現出一副不在乎的樣子。

　　上週的某一天，當老師宣布下一節綜合課要排成分組桌型時，坐在小文後面的男生馬上說：「我不要和小文一組！」另外兩個女生雖然沒有說話，但也面有難色，小文就喃喃自語的說：「沒關係，我自己一組就好。」

　　這種情形已經不是第一次發生了，小文的媽媽也反映過這個問題。夥伴教師每次遇到需要分組的課程時，總會不由自主的湧起一股焦慮感。

　　要如何讓班上的孩子擁有同理心，願意幫助同學？又該如何提升小文的信心與能力，改善同儕關係呢？

二、關鍵人物相關背景描述

　　1. 小文：學習動力不足，而且理解較慢，功課常常忘記帶回家，總是要依賴父母督促與提醒。學習落後也讓她自信心不足，上課時常有緊張咬手指的情形。

　　2. 小文媽媽：是一個做事很有效率的人，對於總是慢吞吞的小文，很想幫助她，卻又找不到方法。

　　3. 學校背景：學校位於市區，家長社經地位普遍不錯，學生自我意識強烈，欠缺同理心。

三、關鍵問題

1. 如何幫助小文提升學習能力，增加自信心，改善不好的衛生習慣，以增進與同學間的互動關係？

2. 如何協助小文媽媽找到方法，幫助小文更有效率的學習？

3. 如何讓班上同學了解小文的狀況，培養同理心，願意接納並協助她？

四、教學輔導教師的建議和協助

夥伴教師是一個教學認真且負責的老師，針對此次事件產生的困擾，其教學輔導教師提出以下建議供其參考：

1. 釐清事件的真實原因

請夥伴教師私下了解班上同學不願意和小文同組的真正原因，再針對原因來解決問題。

2. 提升學習力，更有自信心

針對小文學習落後的問題，國語方面可以教一些識字與閱讀理解的策略與方法，並鼓勵她多看課外書；數學方面，可以利用「均一教育平臺」，讓小文回家後可以觀看影片並多練習。

3. 媽媽是最好的陪伴者

先請小文媽媽要接納小文的特質，放慢腳步陪伴她成長。接著請媽媽和小文共讀繪本《莉莉的紫色小背包》，學習如何讓生活更加井然有序。最後，可以介紹媽媽認識與使用「均一教育平臺」，幫助小文在家複習和練習。

五、事件結果或心得感想

1. 經夥伴教師私下了解，大部分學生不願意和小文同組的原因，是覺得她的衛生習慣不好（咬手指）。針對這個問題，除了向同學說明小文會咬手指的原因之外，根本的解決辦法還是要提升小文的學習力，降低她的緊張

感。夥伴教師也發現，經過說明後，已有部分學生會在小文咬手指時提醒她，並且願意教她功課。

2. 夥伴教師發現透過閱讀，小文的語文能力有逐漸提升的現象。雖然經過一段時間後，生字、語詞還是會忘記，但學習情形已經有所改善。

3. 小文進步最多的是數學。小文媽媽告知夥伴教師，小文在家會主動去「均一教育平臺」練習題目，不懂的地方也會透過影片的講解，再次釐清概念。

4. 小文媽媽教導小文整理收納書包的方法，放學前夥伴教師也會協助提醒。雖然仍然無法完全改掉她迷糊的個性，但忘記將作業帶回家的情形已經改善許多。

5. 根據教學輔導教師的帶班經驗，進行分組活動時，每個班或多或少都會有落單的同學，教師必須先釐清落單的真實原因，才能從根本解決問題，真正幫助落單的同學。

案例回饋

回饋（一）

根據案例描述，學生小文主要的學習問題，表面看來是在分組時，同學不喜歡與她同組學習，不喜歡的原因主要在於小文衛生習慣不好及學習遲緩。然而，探究其深層問題，應該是在於小文缺乏自信，逐漸對學習產生不在意的態度。由此觀之，小文的學習問題明顯有心理學者M. Seligman所謂的「習得的無助感」現象。

所幸，小文的學習改善存在許多優勢。除了夥伴教師的關懷之外，小文母親的陪伴支持，也是小文學習得以改善的重要因素。茲將習得無助相關之學習引導理念與策略（張再明，2014），揉合本案例夥伴教師與教學輔導教師採行之輔導方式，說明如下：

1. 提供小文較多的學習成功經驗，建立自信、強化動機

教學輔導教師在提供小文成功學習經驗以建立其學習信心上，係從學校與家庭兩方面著手。學校方面，針對小文學習落後的問題，教學輔導教師建

議夥伴教師將學習改善重點放在國語與數學兩方面。在國語方面，先教導小文一些識字與閱讀理解的策略與方法，並鼓勵她多看課外書；在數學方面，利用「均一教育平臺」，讓小文回家後可以觀看影片並多練習。家庭方面，先請小文母親接納小文的人格特質，放慢腳步耐心地陪伴她成長；其次，加強課業的同時，也改善其生活習慣，請母親和小文共讀繪本《莉莉的紫色小背包》，學習如何讓生活更加井然有序。經過夥伴教師與小文母親前述的努力，小文的學習已有明顯的改善，尤其在數學領域進步最多。當小文對學習有成就感之後，就會產生學習自信，其學習態度亦將轉趨積極，同學也自然而然地會接納她。

2. 協助小文做正確的學習成敗歸因

除了給予小文更多的學習成功經驗之外，夥伴教師也可以引導小文對於學習成敗做正確的歸因，協助小文培養「能力可藉由努力來增進」的信念，將可以強化小文後續的學習動力，化被動為主動。

3. 協助小文習得有效的學習策略

引導學生學習如何學習，加強其問題解決能力，是矯正習得無助的良方。由案例的描述中可以得知，教學輔導教師在這方面給予夥伴教師極為妥適的建議，除了加強其語文與數學的基礎能力外，也透過「均一教育平臺」獲致適性學習效果。此外，與小文的母親充分合作，小文的母親在家裡也能透過「均一教育平臺」，協助小文在家加強複習，是為親師合作的一個好範例。

在教學輔導教師、夥伴教師及小文母親的通力合作下，再加上夥伴教師向同學說明小文的學習狀況與特點後，喚起了同學的同理心，小文的習得無助現象獲得顯著改善，讓夥伴教師煩惱的分組問題，終於能迎刃而解。

參考文獻

張再明（2014）。學業習得無助的探究及其輔導策略。**教師天地，189**，28-34。

回饋（二）

依照案例所述，小文學習動力不足且理解緩慢，造成其人際適應不良，以及教師班級經營的困擾。乍看之下，小文似乎是問題的始作俑者，但仔細梳理問題形成的脈絡，可以清楚發現小文深陷愛的匱乏、情感忽視，以及自尊受威脅的負向循環。由於長期得不到主要照顧者適當的支持與肯定，上課時常有緊張咬手指的行為表現；而當面臨分組壓力時，表面上裝得一副不在乎，甚至還會先發制人，主動宣稱「沒關係，我自己一組就好」，這些外顯徵兆，其實是一種自我保護、掩藏真相、幫助自己減輕被孤立時緊張心情的防禦作為。如此接二連三的衝擊，若無法有效的因應，隨著小文年級升高，更容易造成小文自我價值感與內在動機不斷滑落，不熱衷學習的現象愈演愈烈，學業持續退步，甚至產生輟學的危機。

根據教學輔導教師的反思與建議，筆者再分享兩個做法，提供教學現場老師作為班級經營的參考。

1. 盡可能安排時間與學生進行一對一的談話，讓愛在關係中流動

即如教學輔導教師所述，小文的學校位於市區，家長社經地位良好，學生自我意識強烈，可能較欠缺同理心；但相對地，學生理解力與社會情緒發展普遍較為成熟。教師若能與每位學生安排私下個別談話的時間，不僅可以建立凝聚力與支持性強韌的師生關係，也可以讓學生親身感受到被尊重的美好，體認自己是關係緊密的班級成員之一。此外，還能借力使力，激發學生願意幫助團體中其他成員改善困境的胸懷與情操。

2. 協助小文將焦慮維持在有利成長的最佳狀態

教室是溫暖關懷、發揚人性的場所，但也經常充斥著威脅與挑戰。若希望能平順過渡到下一個學習階段，除了個人努力優化壓力外，學校在孩子學習解決問題的過程中，也扮演關鍵性的角色。因為人際困擾、愛與隸屬需求，以及保護自尊的渴望，絕不會只出現在小文身上，這些常是一般成長中青少年都必須面對的成長課題。因此，建議學校可以發展小團體方案或學校特色課程，教導學生人際互動技巧，並規劃有趣的分組方式，製造更多良性互動，同時確保每位學生都有成功機會。如此，小文可以在外部友善資源的扶持下，強大自己的內在心理韌性，在充滿變動與危險的世界裡，醞釀不斷茁壯、成長前行的動機和能量。

第四篇

特殊學生輔導

案例 4-1

午休時間的偷親臉頰事件

關鍵詞：注意力不足及過動症、性騷擾、親師溝通

一、夥伴教師的情境敘述

　　夥伴教師平日在班級中與學生相處融洽，學生同儕之間的感情也都不錯。班上有一位名叫小雄的學生，他是注意力不集中及過動症的特殊生，常常會有不適當的行為，影響到其他同學。夥伴教師在發生狀況時，又未能及時有效的處置，所以同學們常常會自動跳過夥伴教師，跑到辦公室，向主任們告小雄的狀。

　　夥伴教師平時並未要求學生一定要午睡，午睡這段時間，他讓學生自己決定要做什麼。十二月十一日午休時間，有些學生在午睡，有些學生則在做自己的事，夥伴教師自己也在休息，因此教室中沒有人管理班級秩序。此時，小雄看到班上一個正在睡覺的小女生，就一步步慢慢地靠近她的座位，然後趁機朝著她的臉頰親下去，小女生被嚇醒，當下便哭了出來，其他同學見狀，立刻飛奔到辦公室，跟主任報告這件事。

　　因為此一事件牽扯到疑似性平事件，學務主任與輔導主任立刻展開初步訪談，並且請夥伴教師到辦公室，詢問事件發生經過及夥伴教師的處置方式。一問之下發現，夥伴教師對於整個事件的狀況並沒有清楚明確的了解與掌握，當時也沒有及時安撫受驚嚇的學生。兩位主任對於夥伴教師危機事件的處理能力產生質疑，並且非常的不諒解。

二、關鍵人物相關背景描述

1. 本校雖然位處直轄市市中心，但學區屬於老舊社區，加上少子化的緣故，目前學生數四百多人，以學區內學生為主，少數為越區就讀，學校行政人員對於特殊學生的狀況尚能掌握。為能增加學校人數與班級數，行政人員平時忙於推動校務，實屬繁忙。

2. 夥伴教師傾向讓學生適性發展，對於學生的要求不多，也沒有太多班務相關的管理或規矩。平時雖然會叮嚀學生，但因為未能言簡意賅，小學三年級的學生往往無法理解夥伴教師的用意。

3. 小雄為注意力不集中及過動症的特殊生，在一、二年級時透過級任導師多次和爸爸溝通，爸爸帶了小雄去做鑑定，並且開始服用藥物，以控制其注意力不集中及過動症狀況。因此，一、二年級時，小雄的學習狀況還算不錯，也因此尚未接受學校補救教學及認輔系統的支援協助。升上三年級後，小雄發現吃藥後會昏昏沉沉，他為了能和同學一起玩耍，開始不願意吃藥，爸爸也順著孩子，因此在課堂上開始出現無法專心學習的狀況，並且會干擾同學學習，夥伴教師在教學時也感到十分困擾。

4. 小雄的媽媽在精神方面有些狀況，因此無法外出工作，全靠著爸爸的一份薪水養家。小雄的叔叔一家也跟著他們住在一起，在只有單一房間的屋子裡共同生活。有時候，爸爸在家會使用手機觀看情色影片，因為家裡只有一個房間，小雄在旁也會同時看到這些影片。

三、關鍵問題

1. 班級發生事情，學生常常會自動跳過夥伴教師，跑到辦公室向主任們報告。要如何改善這樣的狀況？

2. 事件發生之時及其後應如何安撫輔導受害小女生？又該如何教導小雄與全班學生性別平等相關的知識及態度？

3. 教師應如何與家長共同合作，改善小雄在課堂上或對同學的不當行為？

四、教學輔導教師的建議和協助

1. 建立師生間對於班級事務處理流程的默契

(1) 建議夥伴教師於日常課堂外時間，觀察學生之間的互動狀況、進行的遊戲類型，也可以和學生多談話聊天，藉此與學生建立信任關係，並掌握班上學生日常行為是否有不適宜的狀況，必須立即處置糾正。

(2) 建議夥伴教師必須學習如何有效處理學生事務，以獲得學生的信任。要與班上學生建立默契，讓學生知道在班級發生突發事件、需要求救時，應該在第一時間告知班級級任導師，而非像是告狀般直接向學校主任報告。

2. 學生安撫、輔導及性別平等教學

(1) 對於受害者，建議夥伴教師除立即告知家長事件發生經過、狀況及學校的處理機制外，並提供家長後續相關安撫孩子心理的措施，也提醒家長安撫孩子時的注意事項。另外，偕同學校方面知會家長，將進行性平委員會調查。夥伴教師也應於事件後，隨時注意受害者的心情，降低其害怕、恐懼的心理，其後並請學校安排專業的心輔老師對其進行輔導。

(2) 建議夥伴教師對小雄私下進行性平教育及法律常識相關課程，導正小雄有關人我身體界線的錯誤觀念；也可以向學校申請認輔教師進行輔導。若有更進一步的需求，亦可商請學校幫忙申請學諮中心的資源，以達到三級輔導的效能。

(3) 對於班級全體學生，建議夥伴教師向學校申請專輔老師進行性平課程的團體輔導，夥伴教師也應於日後隨時進行適當的提醒或課程教學。

3. 親師合作導正學生行為

建議夥伴教師請行政人員陪同約談小雄的爸爸，告知小雄這樣的行為已經構成校園性平事件，必須送性平委員會處理；同時也需要讓爸爸知道，處理流程中，小雄與爸爸所需負的責任。

五、事件結果或心得感想

事件發生後，教務主任、學務主任及輔導主任等，陪同夥伴教師約談

小雄爸爸大約2小時，大致達成共識：將對小雄進行個別輔導並送性平委員會；另外，請爸爸正視小雄服藥，以控制注意力不集中與過動的問題；也請爸爸在家時能避免觀看情色影片，以免對小雄的身心發展造成不良影響。

　　因為先前班上發生過許多事情，再加上發生這次事件，另外也有該班家長向學校反映班級學生學習成效不佳，揚言要集體轉學，學校行政端有意請夥伴教師新的學年度申請調校。事件發展到此，在學生的安置上雖然尚稱圓滿，但對於夥伴教師而言，我相信內心感受一定很不舒服，也可能因此對自己的教學失去自信。

　　夥伴教師在班務的處理與掌握上，未能發揮教師專業知能應有的水準，以致班上學生突發狀況層出不窮，行政端接二連三處理後，也感到頗不諒解。此外在教學上，因為他的學科知識不足，教學活動執行、轉換的組織性與細節等有疏漏，以致學生產生學習困擾，家長無法接受子女低落的學習成效。

　　這次因為參與教學輔導教師儲訓與認證，有機會能接觸到這位夥伴教師，我對於他的認識是：他很努力、也有心想要改善教學與級務處理的專業知能，只是學習理解的速度較慢，抓不到方向與原則，對於學生不當行為的處理無法拿捏原則。而我能陪伴他學習的次數與時間也不足，尚未能完全掌握訣竅，協助他改善教師專業知能表現。

　　學校無法等他慢慢成長，以達學校的期望，只好請他離開。如果學校可以早些引進教學輔導教師的制度，對他進行有系統、有組織的輔導，陪伴、協助他增進教師專業知能，或許結果就不會如此了吧！

案例回饋

回饋 (一)

　　在國小階段，養成學生對他人身體的尊重，是一個非常重要的課題；此階段更是學習人際互動拿捏的關鍵時刻。本案例顯示出夥伴教師對於班級級務頗不嫻熟，以致學生狀況接二連三，行政部門對於夥伴教師無法諒解，最終導致必須申請調校。

　　不管是否有教學輔導教師制度，行政端都應該設有教師支持團隊，讓教師知道學校、社區、家長特性，甚至能快速了解班級學生，以期即時協助教師快速步上軌道，避免造成親師生或與學校間的隔閡。在發現夥伴教師班級發生多起狀況時，即應啟動支持系統，從旁協助其處理級務及教學工作；若發現無效，則應由支持團隊積極介入，依事件的特性，請有經驗的同仁幫忙，以避免行政與教師間彼此不諒解，進而抹煞了一位教師的熱情，最終請他離開，不只造成彼此的怨懟，也可能影響他校，甚至擴及教育圈。

　　本案例中性騷擾事件涉及的性別平等議題，本來就是應融入學習領域進行教學。行政端可就學校整體規劃，釐清是否針對該班加強宣導，並且必須考量到特殊生的個別需求，方能有效解決該班面臨的窘境。

　　而夥伴教師要養成自我檢視的習慣，了解自己處理事件是否有效？學生常發生問題的時間點為何？常發生狀況又是哪些？若學生常在午睡時發生狀況，則應訂定明確規定，並要求自己於午睡時間和學生共同進行一致性的班級活動，以免再發生憾事。

　　夥伴教師遇到困難，要勇敢的向資深教師或行政發出求救訊號，並虛心接受同仁的建議，嘗試改善。對於班級的特殊生，應及早深入了解該生的特殊程度和特殊需求。對於學生發生狀況，總是直接向學校主任報告，夥伴教師更應深入探討自己與學生之間到底發生了哪些問題？

　　案例中提到，小雄常有不適當的行為，影響其他同學的班級活動，但未提及具體的事例。如果教學輔導教師和夥伴教師能針對小雄平時的狀況即時給予有效處理，是否較能改善班級整體的秩序與學習問題，整體狀況趨於穩定時，班級的小問題自然減少，老師也才能多些餘力去協助小雄。

　　對於事件的雙方學生，除了為特殊生申請學諮中心的資源外，夥伴教師可以在班上安排小天使，給予特殊生若干特殊協助和照護；亦可與特教老師合作，預防性的了解這類特殊生此一階段常發生和可能發生的事件，納入平常的指導中。而對受驚嚇的學生，除了參考教學輔導教師的建議外，也必須請家長協助，觀察該生在家休息或睡覺時，是否容易驚醒或顯露不安，並將情形告知學校心輔教師，以免該生心中留下陰霾，導致他日出現不良後果。

　　家長最在意的就是孩子能安心學習，因此發生了事件一定要告知雙方家

長。特殊生的家長必然也不願孩子發生事情，因此可以善用學校專業資源，讓特殊生家長了解學校師長和家長站在同一陣線，除了就醫、服藥，願意陪伴他面對和協助孩子的狀況。此外，除了對受驚嚇學生的家長要表示歉意之外，教學輔導教師也請學校安排後續的心理安撫，夥伴教師和學校行政要追蹤該生日後的行為表現和學習情形是否一如往常。

　　我們相信所有教師都懷抱著幫助學生的熱忱，希望學生各方面都有所成長。只是身為教師的成人要有敏銳的察覺力，察覺事情處置是否有效，並利用各種成長管道，修正無效的策略，讓自己不管在班級經營、教學成效、行政及親師溝通等方面，都能盡力做到多贏。而行政部門若能協助教師，就是在協助自己減少處理親師生衝突事件。因為一旦發生校園事件，行政部門總要出面協助並與外界溝通。因此換個角度看，提供教師協助，等同在協助自己減少處理校園事件的壓力，也等同在協助學校積極正向的發展。

回饋（二）

　　雖然依據情境敘述，此案例是班上一位特殊個案學生引發疑似性平事件，但是此事件的發生絕非沒有前因。就案例描述所見，在疑似性平事件發生之前，夥伴教師在班級經營及學生管教上，已有諸多待改進之處。此案例回饋按夥伴教師帶班時間序分析，針對事件發生前的班級經營問題、事件發生時的處理流程、事件發生後的教學輔導來說明。

1. 事件發生前的班級經營問題

　　情境敘述第一段提到「夥伴教師平日在班級中與學生相處融洽」，而第二段提到「夥伴教師平時並未要求學生一定要午睡，午睡這段時間，他讓學生自己決定要做什麼。十二月十一日午休時間，……因此教室中沒有人管理班級秩序。」由此可見夥伴教師似乎對於「師生相處融洽」有認知上的誤解，以為不管束學生，就是代表相處融洽。當教學輔導教師發現此現象時，可以給予夥伴教師以下建議：

(1)建立明確清楚的班級經營規範

　　小學三年級的學生自控能力尚未發展成熟，仍需教師給予明確清楚的規

範，而且教師對於班上學生的言語、行為或舉動，要隨時掌握，對於違反規範的言行，必須立即糾正，以避免學生誤認為這些言行是正當的，杜絕同學仿效這些負向言行。

(2)賦予班級幹部責任

小學三年級已經可以教導學生領導與被領導間的民主法治觀念，利用導師時間說明幹部的任務與責任，然後由同學互相推選班級幹部，並且建立幹部的班級認同感，營造其他同學服從與配合幹部的氛圍。藉此，一方面培養學生民主法治的素養，另一方面也協助教師管理班級，例如：早自習及午休時間，就可以請幹部協助管理，維持班級秩序。

(3)及時發現與輔導個案學生行為

本案例中的個案學生，在一、二年級即有注意力不集中及過動症狀，升上三年級時，家長自行停止服用藥物，夥伴教師在課堂上發現個案學生有不專心情形，應立即告知家長，讓家長了解個案學生停藥後的學習情形，以便評估是否需要再服藥控制，以降低失當行為發生的機率，無需花費更多心力加以導正。

2. 事件發生時的處理流程

本案例描述一位學生在午休時間偷親同學臉頰，依據《性平法》第2條性騷擾的定義：「以明示或暗示之方式，從事不受歡迎且具有性意味或性別歧視之言詞或行為，致影響他人之人格尊嚴、學習、或工作之機會或表現者。」任一性別對其他性別做出肢體上的動作，讓對方覺得不受尊重及不舒服，例如：擋住去路、故意觸碰對方的肢體（掀裙子、趁機撫摸胸部及其他身體的部位或暴露性器官等）俗稱「吃豆腐」的行為，就有構成肢體騷擾之嫌。因此本案例偷親臉頰事件已經構成性騷擾，就得依性平案件的處理流程處理。性平案件的處理流程為：

(1)由當事人或知情者（包含同學、老師、家長）通知學務處，學務處受理案件。

(2)學務處初步研判：學務處依據學生陳述及教師說明，初步判斷是否符合性平事件之樣態。本案例經其他學生陳述，已構成肢體上的騷擾，學務

處應於知悉事件24小時內進行通報。

(3) 通知雙方家長

①通知被害人家長：基於未成年學生之權益保護，學校應通知法定代理人（包括父母或監護人），說明獲知事項，例如：「該班學生於午休時間偷親你的小孩臉頰，你的小孩當場哭了起來。你的小孩經由級任老師及本校專任輔導老師的安撫，心情已經平復了，而該名學生已由級任老師會同本校專任輔導老師進行輔導與管教，訓斥此行為非常不應該，教導他不可以隨意碰觸同學身體。因為此行為已經構成肢體上的騷擾，本校已經進行通報。」同時，針對此事件發生的過程及學生輔導措施，詢問家長是否清楚，以及家長是否要提出調查程序？原則上尊重家長的程序選擇權，若家長回答「不用調查」，則學校可以回覆：「本校將持續對於加害學生進行性別平等教育相關輔導，請家長也觀察你的小孩的心理狀況，若仍有心裡不舒服的現象，請告知學校，學校會請專任輔導教師進行協助。」若家長回答「希望學校再進行調查」，則參考「校園性騷擾與性侵害事件處理原則與流程」處理。

②通知加害人家長：向加害人家長說明事情經過及學校處理程序，例如：「貴子弟於今天午休時間偷親同學的臉頰，造成同學不舒服，此行為構成肢體上的騷擾，已電話告知對方家長。學校將請專任輔導老師對貴子弟進行身體界線概念之教導，也請家長教導孩子不可以隨意碰觸同學身體。」

(4) 雙方學生的個別輔導：此案例中的加害學生及被害學生皆需接受專任輔導老師的個別輔導，加害學生的輔導重點在於建立身體界線的概念，並釐清學生做此動作之背後動機，詢問此動作從何處學習而來，是否如案例描述可能是看到父親觀看情色影片而學來的，以便進行後續的家庭輔導。而被害學生的輔導重點則是安撫心情，並告知日後若遇到類似情形時，要大聲說出自己感到不舒服的心理感受。

(5) 加害學生的家庭團體諮商：案例描述提到「有時候，爸爸在家會使用手機觀看情色影片，因為家裡只有一個房間，小雄在旁也會同時看到這些影片」，因此應對學生家庭進行團體諮商，讓全家每一個人知道身教、言教的重要性。

3. 事件發生後加強教學輔導措施

依據案例描述，夥伴教師平時的教學專業及班級經營就已經有狀況，而此次事件只是導火線。因此在事件發生後，教學輔導教師應密集訪談夥伴教師，必要時可以召集其他教學輔導教師共同協助，輔導重點如下：

(1)擬定個案學生的輔導策略

個案學生的穩定與否對於班級氣氛有著指標性的意義，因此建議夥伴教師與個案學生建立行為契約，以降低個案學生對於班級同學上課的干擾，並隨時與家長保持聯繫，讓家長知道學生在學校上課的情形。若經過一段時間仍未改善，可以建議家長考慮讓學生服藥控制，必要時請輔導室召開個案輔導會議，請所有任課老師、家長及醫師到校進行諮詢，提供家長意見，促使學生能在班上專心學習。

(2)透過備課、觀課、議課，促進夥伴教師成長

夥伴教師不僅在班級經營上有問題，教學也遭到家長質疑。因此，建議可以進行備課、觀課及議課活動，透過備課增進教材清晰度，利用觀課蒐集教學迷思資料，議課時提供夥伴教師反思，以提升夥伴教師的教學效能，回應家長的訴求。

案例 4-2

不定時炸彈

關鍵詞：注意力不足及過動症、校規執行、師生溝通、親師溝通、
　　　　家庭關係

一、夥伴教師的情境敘述

　　侯生前一天因身體不適送醫急救。事情經過大致上是這樣：全班要到實習教室去上課時，同學叫不醒侯生，後來侯生到課，不久之後又趁老師不注意溜出工廠。班長回報此事，夥伴教師請班長到學務處查看。侯生自稱身體不適，但經校護詢問情況後，認為他身體並沒有問題，因此請他回去上課。後來侯生被通知到教官室，當時夥伴教師正與侯生的姊姊聯繫，告知姊姊侯生的情況。但此時一轉身，發現侯生趴倒在教官室會客區地上，緊急請來校護進行急救，校護發現他的脈搏強而有力，但卻始終叫不醒，只好趕緊送醫急救。

　　隔天，學校請姊姊到校討論。討論過程中，姊姊質問侯生為何沒有按時吃過動症抑制藥物，侯生堅持自己有吃，並嫌姊姊很煩。在姊姊提出質疑後，侯生突然暴怒，踹桌大吼，雙方對峙，夥伴教師見狀便趕緊電聯侯生父親，告知此事。同一時間，教官室有其他學生的家長到校處理事情，看到此種情形便好意勸阻侯生，侯生立刻反嗆對方，夥伴教師請侯生冷靜，侯生又再反嗆：「沒你的事，惦惦啦！」教官制止侯生，說他對師長言語不敬，侯生嗆聲對象轉向教官，並拿起板凳作勢攻擊。在夥伴教師安撫後，其情緒仍舊不穩，不久之後又想衝到外面，找剛剛那位家長理論。鑑於其情緒激動，學校因此請來警員到校協助，但侯生情緒依舊高漲，甚至有動手襲警的意

圖。經過姊姊與教官、導師安撫後才漸漸穩定下來。目睹混亂的這一幕，夥伴教師還是決定聯繫侯生的父親，請其到校討論學生情形。

二、關鍵人物相關背景描述

1. 學生背景

(1) 侯生國中時，曾有嗆老師、用球棒打老師、廁所偷窺、偷竊等紀錄。

(2) 侯生的想法及觀念嚴重偏差，與侯生談話時，只要提及他不喜歡的言論，或者言論與其看法相左，侯生即會出現手握拳頭的肢體動作。

(3) 脾氣易怒，當侯生出現憤怒情緒時，曾有掀翻課堂桌椅的紀錄。

(4) 侯生經醫師診斷確認為注意力不足過動症（Attention Deficit Hyperactivity Disorder, ADHD），並定期服用抑制過動的藥物，國三下學期曾到醫院精神科住院就醫半個多月。

2. 其他人物

(1) 侯生姊姊：與侯生為重組家庭的同母異父姊姊，職業為護理人員，侯生的學校事務多由姊姊協助處理。

(2) 侯生父親：雖為侯生的監護人，但因長住外島，且身體健康狀況不佳，因此多交由女兒處理侯生事務，夥伴教師僅能用電話方式與父親取得聯繫。

(3) 學校教官：在糾正侯生行為時通常較為直接強勢，會引發侯生反嗆，甚至拿板凳作勢攻擊。

(4) 夥伴教師：在與侯生談話及輔導時，多能以冷靜的態度，並隨時注意侯生的情緒變化。

3. 家庭背景

(1) 侯生的家庭為重組家庭，成員共有父親、母親、姊姊、侯生。

(2) 父親因工作關係長住外島，母親則另居於南臺灣某一縣市，姊姊與侯生賃居於南臺灣另一縣市。

三、關鍵問題

1. 侯生在課堂中穩定學習的問題

侯生曾在上課時告訴任課老師自己頭痛需要休息而趴睡，也曾告知任課老師要去保健室休息，實際上卻逃課、曠課。上課時會製造噪音干擾同學，同學若制止他，則會情緒失控、拍桌大吼。

2. 侯生與人互動的情緒控管問題

同學或師長糾正或制止侯生不當的言行時，侯生常出現情緒激動、以言語攻擊他人、或者動手攻擊他人之舉動。曾在下課時，因同學多次提醒他請向師長行禮，憤而掀翻桌子。因此，其人際關係不佳，同學對他頗有微詞。

3. 侯生對於事件的正確認知問題

只要對方不贊同他的想法，或者糾正他的觀念，侯生就會出現反抗、嗆聲的言語，並堅持自己的想法才是正確的，奉行以牙還牙的負面觀念。

四、教學輔導教師的建議和協助

1. 嘉許夥伴教師能以冷靜的態度與學生溝通，並注意學生的情緒變化，不讓學生的不當言行對自己產生影響，從而造成錯誤的輔導溝通，使情況更加惡化。

2. 提醒夥伴教師注意，雖然侯生的學校事務多由姊姊到校協助處理，但由於父親才是侯生的監護人，因此仍需與侯生的父親保持聯繫，隨時告知侯生的在校表現。

3. 提醒夥伴教師必須請班上幾位較為中立的同學協助，隨時注意侯生在學校的動態與情緒變化，以利掌握侯生的學習與生活情況。

4. 協助夥伴教師建立侯生的輔導紀錄，將事件過程、處理情況、電聯家長的時間與聯繫重點、學校學務處及教官室的建議處理方式等，加以完善記錄，以利對侯生進行個別輔導。

5. 建議夥伴教師將侯生轉介輔導室，請輔導老師協助輔導，循序漸進的改善學生偏激負面的觀念，以及減少其攻擊性的言語或行為。

五、事件結果或心得感想

1. 事件最後的結果

因為侯生的情緒波動甚大，為了避免影響其他同學的學習權利，也避免他在班上與人發生肢體衝突，因此學務處主任建議先由家長帶回自行管教，並行就醫，等學生情緒較為和緩後，由心智科醫生開立相關證明，確定學生無攻擊性後再返校上課；並請夥伴教師與家長保持聯繫，以利追蹤學生情況。

2. 教學輔導教師的心得感想

侯生因過動症導致其輕忽課業學習，如果未按時服藥控制，則會情緒不穩，並容易與同學、師長產生衝突。依照此案例之描述及其先前的相關輔導紀錄，可見侯生將造成夥伴教師班級經營很大的問題。

雖然侯生目前先由家長帶回自行管教，但建議夥伴教師除了與家長保持聯繫，隨時了解侯生的情緒變化與在家的生活情況之外，應與班上同學說明侯生的狀況，請同學站在協助他的角度，幫助他掌控情緒，而非火上加油的激化他的不當言行。此外，如有必要，可以利用班會時間，請輔導老師協助說明ADHD的徵狀，以及預防侯生出現情緒不穩的方法，或者當其情緒激動時應該如何對應處理等。

案例回饋

回饋 (一)

本案例描述一位高職國文教師面對班上一位罹患ADHD學生的輔導過程與結果。針對夥伴教師與教學輔導教師採取的輔導方式，茲提出以下的反省與建議：

1. 輔導方式之反省

(1)應妥善採行學校輔導學生之三級預防程序與輔導策略

根據2014年公布的《學生輔導法》第6條規定：「學校應視學生身心狀況及需求，提供發展性輔導、介入性輔導或處遇性輔導之三級輔導。……三

級輔導之內容如下：一、發展性輔導：為促進學生心理健康、社會適應及適性發展，針對全校學生，訂定學校輔導工作計畫，實施生活輔導、學習輔導及生涯輔導相關措施。二、介入性輔導：針對經前款發展性輔導仍無法有效滿足其需求，或適應欠佳、重複發生問題行為，或遭受重大創傷經驗等學生，依其個別化需求訂定輔導方案或計畫，提供諮詢、個別諮商及小團體輔導等措施，並提供評估轉介機制，進行個案管理及輔導。三、處遇性輔導：針對經前款介入性輔導仍無法有效協助，或嚴重適應困難、行為偏差，或重大違規行為等學生，配合其特殊需求，結合心理治療、社會工作、家庭輔導、職能治療、法律服務、精神醫療等各類專業服務。」

　　然而綜觀本案例之描述或說明，夥伴教師似乎缺乏介入性相關輔導，具體言之，本案例的處理只見學校教官與校護的介入，在侯生對教官與教師做出攻擊行為時，校方直接報請警察處理。過程中始終沒有看見學校輔導室輔導教師有哪些相關輔導協助，其處置方式實在有待商榷。

　　(2)侯生為多重學習問題之個案

　　本案例將侯生的學習問題主要歸因為ADHD，但是根據案例描述，侯生的行為似乎有躁症問題，而且夥伴教師也提到侯生曾經因為精神疾病問題，住院醫療長達半個多月之久，因此侯生身心狀況之問題，似乎不是僅服用ADHD藥物即可改善，他還有其他精神方面的疾病需要治療。

　　(3)侯生發生偏差行為問題時應聯絡監護人

　　侯生來自失能之家庭，其生活照顧多來自同母異父之姊姊。夥伴教師遇到侯生出現行為問題時，多半直接連絡其姊姊前來處理，似乎不妥。建議應與侯生的父母共商解決之道，請父母對侯生之身心狀況多給予必要之關注，如此對侯生行為問題之解決，方有實質助益。

　　2. 整體建議

　　侯生的行為問題與學習障礙係長期累積的結果。根據案例的描述，侯生在國中階段就曾有嗆老師、用球棒打老師、廁所偷窺、偷竊等不良紀錄；此外，侯生曾因精神疾病就醫與住院的紀錄。根據輔導之三級預防觀念，應與其父母及學校輔導室人員共商，採取處遇性輔導，積極就醫治療，待其身心回復至醫生認可、足以適應學校學習生活之程度，方能返校，否則對侯生

本人或其他師生，都將持續造成莫大的負擔，影響所有相關師生的教學與學習。

回饋 (二)

　　相較於其他時期，青少年階段是生命中最有可能出現各種問題的「急風暴雨」時期。如案例所述，侯生同時具有內化與外化問題，不僅經醫師診斷確認為注意力不足過動症，除了有脾氣易怒、躁動與抑鬱等內化問題之外，也出現用球棒攻擊師長、掀翻課桌椅、廁所偷窺與偷竊等外化問題。輔導這類青少年的確需要投入大量努力、耐心與關愛，甚至要啟動系統合作，才能產生實質的效益。

　　案例描述中，夥伴教師已做了良善的處理，教學輔導教師的建議也頗為中肯。以下扼要整理出三項輔導建議，期望教師更能協助侯生適性成長：

1. 加強親師溝通，給予親職諮詢，健全家庭與學校中介系統的互助功能

　　本案案主侯生同時出現內外化問題，筆者認為並不是對某個單一壓力或痛苦事件的反應，而是侯生長年累月遭遇一系列的問題，未被妥善解決，才累積發生，或者變本加厲。由於青少年成長過程中，整體的家庭關係，以及父母與子女的互動，扮演著重要的角色，因此建議學校應著力於親師溝通，以及建立良善的合作關係，讓家長感受到學校的重視與支持，並獲得更適當的親職技巧，從而發展出更負責任的親職行為，這應該是促進侯生產生正向轉變的根本之道。

2. 建構完善的多方評估與多管齊下的介入措施

　　侯生已確診為ADHD，需定期服藥控制，無論是臨床或研究均發現，藥物治療在處理青少年內外化問題上通常是有效的。因此，學校要特別用心建立師生的信賴關係，耐心鼓勵與引導侯生配合醫師診斷，服用處方藥物，才能改善並獲得生理平衡。在服用藥物的同時，若能進行心理輔導，相信侯生的抑鬱情緒和偏差行為會明顯減少。

3. 開展跨域生態系統合作模式，營造適合侯生的處遇策略

　　系統合作並不是學校與家庭之間、或者學校與醫院之間一般性的單純合作而已，這個概念需要進一步延伸。實際運作經驗常可發現，在整合與發揮各系統資源的功能時，形成多方的三角關係，不同系統的專業人員可能會產生觀點衝突，需要不斷溝通、對話，才能對侯生最佳的發展目標形成共識。此時，學校教師或輔導人員通常必須扮演重要的協調角色。若學校人員愈能具備判讀與運用系統動力的協商知能，就愈能依據微系統與學生的互動關係，擬定往後的介入策略，方能在艱困的狀況中，整合各方資源，同時也連結起各系統，合作性的協助侯生改善內外化問題。

案例 4-3

爲什麼都要我代理値日生？

關鍵詞：輕度智能障礙、班級規範

一、夥伴教師的情境敘述

乙生經常突然請假，導致無法完成班級值日生一職。導師為了讓班上生活管理能力較弱的甲生，有更多機會學習，加強其自我管理能力、責任感與互助合作的良好態度等，因此每當乙生請假時，就特意的安排甲生代理值日生。

一開始，甲生代理乙生擔任值日生，表現尚可，但因為乙生請假頻率過高，甲生逐漸對乙生無故不到校感到生氣、不能原諒，並開始出現排斥、不願繼續配合代理。面對甲生的抗拒，導師告知甲生，若不協助代理，班級環境整潔將受影響，甲生不依，導師決定要給予懲罰。因為排課關係，因此商請第五節擔任藝術生活課程的任課教師（亦即夥伴教師），協助督導甲生在教室裡罰站。

夥伴教師為了配合導師的懲罰措施，因此提醒甲生罰站，但甲生因為不服氣，堅持坐在座位上，並緊抓桌子不願意站起來，教室內瀰漫著緊繃的氛圍。一整節課下來，甲生充滿怒氣，也無法參與課堂學習。

二、關鍵人物相關背景描述

1. 夥伴教師

初任教師（未滿一年），兼具特教與美術師資專長，擔任專任特教教

師，教學態度積極用心，任教該班藝術生活課程，每週兩堂課。

2. 甲生導師

初任教師（未滿一年），在班級經營上態度認真，惟對於特教生之教學輔導與班級經營經驗不足，在輔導技巧及策略應用上常以懲罰方式替代獎勵。具情緒行為困擾，或是需長期陪伴關懷並與其更深層對話才能理解的學生，無法接受其管教方式，久而久之，師生互動關係變得緊張及排斥，也間接影響了親師溝通交流與合作輔導之成效，這些都是尚待成長的部分。

3. 甲生

(1)輕度智障生，單親，與父親同住，家境困難。父親管教態度消極，常忽略其學習及生活需求，衣著外表常常不乾淨、不整齊。可以自理生活，但能力顯著低落，例如：指甲縫內常藏汙垢，學校的運動服及校服白襯衫會自行用清水手洗，但沒洗乾淨，衣服看起來總是髒黑、泛黃等，看了覺得令人心疼。

(2)在學習上，其識字、閱讀、理解能力較弱，思考較無彈性，面對有變化而未事先預告提醒的事件會出現抗拒、生氣，而不願意配合的態度與行為。例如：當他的個人物品或食物被拿走時，情緒憤怒下會以推桌子、摔東西、口出威脅他人的話語等，表達他的不滿。

(3)在同儕團體互動時，較為被動且退縮，常出現堅持己見、不合作、逃避、拒絕溝通的態度。

(4)因該生家境困難，家長常無法提供三餐讓其溫飽，食物、水果成為他的正向增強物。

4. 甲生父親

(1)甲父工作不穩定，曾涉及毒品而服監，有兩次婚姻，但目前關係亦不太和諧。

(2)對甲生管教態度消極，與學校師長配合度低。甲生國中時的老師在轉銜會議中曾表示，很難聯繫到父親，該生許多學習費用或餐費常逾期未繳，當時老師協助預留午餐以供其當作晚餐，長達三年。

(3)倘若導師電話聯繫甲父討論甲生生活與學習適應問題時，甲父會以

打罵方式管教，或表示無法管教甲生。

三、關鍵問題

1. 夥伴教師與導師及甲生彼此間的信任與互助關係如何？

2. 導師在邀請甲生協助代理值日生前是否與其討論，並取得同意？

3. 夥伴教師與導師是否了解到甲生協助代理值日生時，會有哪些執行上的困難？

4. 甲生的清潔整理能力是否可以獨立完成值日生工作？是否需他人從旁提示指導始能完成？

5. 當甲生表達抗拒代理值日生時，導師與夥伴教師以讓甲生在課堂上罰站為處分，是否合情、合理？是否有其他替代或正向鼓勵方式？

6. 面對乙生經常無故未到校，導師是否有考量到甲生代理次數頻繁，是否要讓其他同學加入代理行列？或者全班清潔任務是否需要重新調整？

7. 教師是否需要安排家訪，進行關心並了解乙生的學習適應情況及家庭支持系統等，改善該生到校學習情況？

四、教學輔導教師的建議和協助

甲生對於導師規定只要乙生請假，他就必須代理值日生，如果沒確實做好還要受罰，而乙生請假次數頻繁，幾次之後，甲生累積了許多不滿，於是開始抗拒代理，也更不再服從與接受罰站處分。因此，教學輔導教師會同夥伴教師與導師釐清前述問題，以期有助於找出導致該生的關鍵問題，以及需要處理的目標行為。另外，提出以下的建議供夥伴教師與導師作參考：

1. 正向鼓勵優於負向懲罰

提醒夥伴教師及導師，若常以罰站方式懲罰甲生，卻未深層對話與理解其想法和感受，可能無法有效降低其負向行為，甚至將導致對方產生更多抗拒、排斥與逃避責任的行為。因此，建議老師多以正向鼓勵替代懲罰，較能有效改善其行為。此外，老師亦需注意尊重與維護學生權益，在實施行為契約或需保管與剝奪其物權之前，務必與家長或學生討論並取得同意，避免引

發爭議或影響輔導成效。

2. 交流教學輔導經驗，鼓勵保持熱忱與初心

夥伴教師對於甲生課堂上出現的抗拒行為，並讓課堂處於對立僵持的氛圍中，認為是自己無力管教、處置不當所造成，因而感到挫折。教學輔導教師提出自己觀察到夥伴教師於課堂及課後與學生相處態度親和、溫暖互動，肯定其為一位好老師。此外，也藉由分享自己過去輔導特殊生的各種挫敗與成功經驗，鼓勵夥伴教師持續保持教育熱忱與初心，秉持愛與關懷，把握每次經驗，精進教學與輔導技巧，必將使教學輔導應用上更成長。

3. 參加專業社群與增能研習

鼓勵夥伴教師積極參與各校教師專業社群，或者參加國教署開設的情緒行為輔導、特殊需求社會技巧課程，或者正向行為介入策略、桌遊牌卡在輔導上之應用、薩提爾－與孩子對話練習工作坊、家族治療工作坊等特教專業增能研習活動，將有助提升教師自我覺察及教學輔導知能。

4. 建立長期合作之特教專業團隊

(1) 運用特教專業團隊力量，邀請導師與該班各科任課教師及家長，召開會議商討班級經營輔導策略，有助於從學校環境與社區生態之多元面向蒐集及了解造成情緒行為表現等關鍵問題之成因、事件與影響，透過討論有助釐清與聚焦問題，擬定正向行為方案與適切輔導策略。

(2) 建立親師LINE群組，積極與各科任課教師橫向聯繫，掌握正向行為計畫及輔導方案執行情況，定期追蹤檢視成效或適時調整策略，以達到最高成效。

5. 用愛陪伴特殊需求學生

甲生來自父母的關愛、指導並不足夠，影響其生活自理能力，因此最需要師長的關愛及耐心陪伴。老師除了需協助其建立獨立完成自我生活管理的方法和良好態度外，建議夥伴教師及導師可陪伴甲生，建立被愛、被關懷的信任關係，引導覺察其行為問題及影響與後果。經討論後，共同訂定改善行為之契約，有助於降低該生的不當情緒行為表現，增進適切情緒溝通表達或尋求資源解決問題之能力。

6. 加強特殊需求課程——情緒表達與社會技巧

甲生在人際溝通、社會技巧表達能力較弱,當遇到生活與學業適應或人際衝突等問題時,常依過去成長經驗與行為習慣,採取逃避、拒絕、憤怒、摔或踢東西等非語言肢體動作來應對及表達情緒,殊不知如何以適切口語表達自己的情緒想法與他人溝通互動,也因此迫切需要老師協助建立適切的情緒表達溝通能力,以及尋求解決問題之方法等。

7. 親師合作訂定行為契約

對於乙生經常請假,導師除了電話聯繫家長,以及運用班級同儕力量關心乙生之外,建議與輔導室、夥伴教師一同進行家訪,關懷乙生請假未到校相關的問題,從家訪中觀察該生家庭互動關係、生活作息概況等,並邀請家長協助督促乙生規律生活及積極學習等,鼓勵乙生早起搭校車到校等,以期建構家庭、學校、社區生態環境的完善支持系統,幫助乙生獲得學校師生、同儕及親師的關懷,逐漸建立良好的規律生活及學習,提升信心。此外,邀請家長協助與各科教師和乙生討論確認「自我管理行為契約」,明訂乙生應配合調整行為表現與態度之做法與獎勵措施等,以期透過正向鼓勵,以及親師生關懷、接納與支持,維持乙生自主管理、規律到校學習之好行為。

五、事件結果或心得感想

1. 藉由陪伴夥伴教師的過程,看見自己過去初為人師時的青澀稚嫩。回首過去,亦曾有資深教師長期陪伴指導,感謝他們一路的支持與鼓勵,使自己在教育路上不孤單,並且充滿力量持續向前邁進。

2. 新任教師如果能在教學實務、班級經營、個案輔導上得到資深且有經驗的前輩協助,在彼此教學輔導經驗交流互助下,讓新任教師省思覺察自己在教學輔導上的盲點,體悟到自己需要調整與增能的地方,也才能更深刻地看見孩子的內在需要,以滋養及成就他們。

3. 每個世代的孩子身處於不同的社會環境,所展現的問題樣貌也不太一樣,但若更深入去了解每個青春期孩子的特質,則會發現他們內在的需求都一樣是需要被全然的接納、關愛與陪伴。只要老師願意敞開心扉與其對

話，傾聽、理解與陪伴他們，就可以融化其冷酷面具，走進他們的內心世界。身為教育專家的老師，需要去陪伴與影響學生，當然更需要良好的親師合作團隊，因為最佳的輔導策略就是親師無盡的愛與陪伴。

4. 在與夥伴教師彼此觀摩學習及經驗交流分享的過程中，我看見了初任教師的教學創新與多元化，充滿年輕活力、熱忱與希望，覺察到自己需要更謙卑地學習與待人接物，也更深切地體悟到在生命中能有機會與一群教育夥伴一起學習精進，是一件具有價值且別具意義的大事！

案例回饋

回饋（一）

處於青春狂飆期的高職生，容易出現叛逆的情緒，尤其是教師不了解學生而採取了不甚合理的管教方式，將使雙方關係惡化。不但教師感到挫折難過，學生性格也會受到嚴重影響。

本案例中，當乙生請假時，導師特別安排由班上生活管理能力較弱的甲生協助代理擔任值日生。後來因乙生請假頻率高，甲生逐漸出現不配合的態度，對乙生無故不到校感到生氣、不能原諒，不願繼續擔任代理工作，甲生的行為反應屬於一般學生正常的心理。

然而，面對甲生的抗拒，導師卻採取懲罰方式，讓原本期待甲生有更多機會學習，加強其自我管理能力、責任感與互助合作精神的美意盡失。當初導師如果能同理甲生的處境而不施予懲罰，並且透過師生對話，理解甲生抗拒代理值日生的心理，掌握了解其行為動機，便能適時改變想法並調整做法，也不至於影響甲生課堂的學習。

建立班級常規（班規）的目的在於規範學生在班級活動中的行為，其制定過程宜在班級導師指導下，經由全班學生充分討論內容、實施方法並表決通過後訂定，不宜由導師一人獨自決定班規的內容。開始執行班規之前，應讓所有學生了解班規實施的目的、內容、方法，並得到學生的認同。而在班規執行過程中，如遇特殊情況，可經教師及多數學生同意後適度調整，以切合實際情況並符合學生需求。本案例中，甲生已多次代理乙生擔任值日生，

班導師可以在班會提案調整代理值日生的次數上限，並取得多數學生同意後變更。除了能化解甲生不滿的情緒，也能增進班級的向心力，進一步可以提升班規執行的成效。

依據教育部105年公布的「學校訂定教師輔導與管教學生辦法注意事項」，教師得採取的管教措施內容之一，教師可要求學生站立反省，但每次不得超過一堂課，每日累計不得超過2小時。本案例中，班導師商請藝術生活課程的任課教師（夥伴教師）督導甲生於課堂上罰站，當夥伴教師提醒甲生罰站時，他因為不服氣而堅持坐在座位上不願動作，教師是否考慮到甲生於當日課堂中罰站已經超過2小時？況且甲生是違反班規，而非妨害夥伴教師的班級教學，夥伴教師其實不適宜代理導師執行任何的管教措施。

回饋（二）

首先，肯定導師及夥伴教師對於個案學生（甲生）的關愛，並對於導師能夠與任課教師（夥伴教師）保持良好互動與合作表示贊同。另外，教學輔導教師在此個案中也扮演關鍵角色，能針對事件提出具體正向的建議，並帶領導師及夥伴教師重新思考整個事件，找出甲生真正的需求，只可惜案例中，未見事件最後的處理結果如何。針對整體事件，個人分享以下幾點看法：

1. 夥伴教師的特教專業知能

根據案例資料，夥伴教師具備特教專長，且擔任甲生的科任老師，但未制止導師因甲生不願意再擔任乙生代理值日生而處甲生罰站一事，值得商榷。夥伴教師具備特教專長，應能理解甲生的特殊情況，甲生為輕度MR，特教學生通常類化能力差、應變能力弱，對於被自己理解為不公平的地方，容易產生抗拒並引起強烈的情緒反應。據此，具備特教專長的夥伴教師應扮演導師與甲生之間的溝通橋梁（有人說，特教老師是特教生的辯護律師），先聆聽甲生的想法，並告知導師這樣的處罰方式可能會引起甲生的抗拒行為與情緒反應，或許就可避免在課堂中產生衝突行為。

2. 導師的班級經營

導師為增加甲生的自我管理能力、責任感與互助合作的良好態度，在乙生請假時協助代理值日生，但應該考量甲生的能力能否勝任，彈性分配因乙生頻繁請假所遺留的事務，以及事前是否與甲生充分溝通、取得同意，並約定未完成的處罰方式等，都值得關心探討。再者，導師以甲生不願意代理值日生工作將影響班級環境整潔為由，懲處甲生課堂罰站，這樣的處置有公平性問題，也導致後續衝突。甲生抗拒代理值日生工作，除可能影響班級整潔工作外，也容易間接造成班上同學對甲生的不信任與批評，反而對甲生在班級的人際互動關係產生負面的影響。

3. 課堂衝突事件的處置

甲生在課堂因抗拒罰站而引發與夥伴教師（任課教師）的衝突，導致該堂課無法順利進行，影響甲生甚至全班學生的學習。我們可以思考的是：在上課中因非該課堂相關原因而處罰學生，此舉是否恰當？以及當學生（尤其是特殊生）於課堂中因事件產生嚴重情緒反應而影響學生學習時，如何處置較為恰當？

首先，在教學正常化的原則下，老師課堂中應避免進行與課堂無關的活動。甲生因不願意履行代理值日生工作，此事與藝術生活課程並無關聯，故應避免因接受委託而在課堂中處罰學生。甲生於課堂中出現情緒反彈，導致教學無法正常進行時，建議老師可請同學通報輔導室或將學生帶離教室另行安置，避免教學活動空轉而影響其他學生的受教權。任課教師於下課後會同導師再與學生會談，如此將可讓學生情緒先有舒緩的空間與時間，任課老師也比較能專心傾聽學生的聲音，避免課堂衝突發生。

另外，案例中提及甲生的正增強物是食物和水果，老師應妥善運用外部增強物，剛開始為導正不良行為或增強正向行為可以斟酌使用，但應逐步降低增強物的使用，避免學生目標錯置，只重視增強物而忽略原本應該導正或遵守的行為。

案例 4-4

一擦再擦的空白圖畫紙

關鍵詞：作業遲交、師生溝通、動機

一、夥伴教師的情境敘述

夥伴教師任教的五年級班上，有一位名叫小翊的學生。小翊平常上美術課時所畫的圖畫都還不錯，不過在打草稿的階段，經常會把圖案一再擦掉，造成紙面一片空白，進度也因此時常落後。

這學期有一個單元是要設計班級牌。上課時，小翊也是不斷擦掉自己的線條稿。夥伴教師試著提供他構圖上的建議，小翊不想接受，然而自己卻也想不出來要畫什麼。直到下課前，圖畫紙上還是只有擦拭過的空白，讓夥伴教師感到頗為困擾。

二、關鍵人物相關背景描述

1. 學生行為特徵：小翊上課秩序十分良好，並不會吵鬧搗蛋，但是美術課上卻時常把作品草稿擦掉，導致作品完成進度落後，很多作品都未能及時完成。

2. 學生作品特徵：小翊平常完成的圖畫並不會太小，在進行例如「彩蛋設計」這種以點、線、面元素為主的設計單元時，他可以很快的完成設計圖。不過，如果遇到繪畫或比較困難的設計單元時，他就會進度停滯，畫不出來。

3. 學生繪畫發展階段：教學輔導教師在小翊中年級也曾教導過他，當時他就有類似的情況發生，但是沒有現在那麼嚴重。對照他在三、四年級

時的畫作，可以發現小翊對繪畫主題很有自己的想法，和其他同學都不太一樣。但是他目前繪畫的發展階段，還沒有能發展出空間感，因此對小翊而言，有些角度的構圖較為困難；如果是比較立體的作品或是非繪畫的創作技法，就相對比較容易。

三、關鍵問題

小翊的問題主要分為兩個部分：

1. 眼高手低：小翊自我要求較高但繪畫能力不足，出現眼高手低的狀況。

2. 作業遲交：小翊無法自我管理進度，造成要打成績時作業仍未完成，還有多項作業沒有成績。

四、教學輔導教師的建議和協助

1. 關於「眼高手低」的指導建議

國小高年級學生的心智年齡通常已經發展到會期待自己能畫出比較寫實或獨創的作品，但是如果他們的繪畫技巧無法跟上，就會有自我否定的現象，就像小翊不滿意自己的作品，所以不斷把草稿擦掉。針對此種眼高手低現象，建議夥伴教師可以嘗試以下策略：

(1) 差異化教學

建議夥伴教師先和學生聊聊，了解學生想要畫的東西，再利用單槍投影相關的圖片給學生參考，圖片可以選擇比較容易畫的角度，避免有前縮法或兩點透視的圖片。如果學生仍然畫不出來，教師可以先示範，再讓學生模仿並加上自創的部分。

(2) 補救教學

夥伴教師在指導高年級的學生時，可以適時補充兩點透視的教學，或帶領學生多觀察實際景物，慢慢引導學生發展空間感與立體感。

(3) 鼓勵與正增強

當學生有些單元的繪畫沒有一直擦掉草稿，能夠順利畫出作品時，夥伴

教師可以多給予鼓勵與正增強，增加學生的自信心。

2. 關於「作業遲交」的指導建議

夥伴教師十分尊重學生，如果學生無法及時完成作業，會提供機會讓學生回家完成並補交。不過，依據教學輔導教師的經驗，除了自我要求較高的學生回家之後真的還有可能完成藝文作業之外，多數學生極少有時間再進行繪畫。針對作業遲交問題，建議夥伴教師可以嘗試以下策略：

(1)形成性評量

每一個教學階段都可以進行形成性評量，例如：讓全班學生舉起繪圖的紙來讓老師檢查，完成上一個進度的人，就進行下一個進度，未完成的人則由老師給予個別指導，這樣可以避免學生學習進度落後太多。

(2)下課標準

因為藝術與人文領域的排課多是兩節連續安排，因此在第一節下課前的5-10分鐘，可以先預告能下課的合理進度標準（例如：什麼部分要畫完或做到什麼程度），學生為了能夠下課，通常會更積極地完成進度。

(3)暫時成績

在打成績的階段，可以利用同儕互助的方式，請先打完成績的同學協助進度較慢的同學，進度較快、願意協助同儕的學生可以有加分的機會，進度較慢的同學則可以加快作品完成的速度。如果學生還是無法及時完成，教師可以先打一個暫時的成績，等到學生下週完成作品之後再給予加分。如果學生一直沒有完成作品，就用暫時成績登記分數。這樣可以鼓勵自我要求較高的學生再提高作品的完成度，也可以避免自我要求較低的學生完全沒有成績。

五、事件結果或心得感想

1. 事件結果

事後詢問夥伴教師有關小翊的後續情況，夥伴教師表示，他發現小翊的確是對繪畫性的作品較無自信，能力也比較不足；如果是剪貼或是立體作品就沒有這樣的情況。

　　因為接下來的課程單元是馬賽克拼貼，主要是利用色紙進行拼貼，因此小翊表現正常，沒有出現一直擦掉草稿的現象。不過教學輔導教師還是鼓勵夥伴教師下次進行繪畫創作課程時，可以及早給予小翊協助，用適當的方法引導與激勵學生成長。

　　2. 心得感想

　　在藝術與人文領域課程中，不同程度的學生需要老師給予不同的指導與協助。高年級的學生在繪畫發展上的程度差異性很大，教師除了營造包容的教室氛圍，並尊重每個孩子的繪畫發展進程外，也要積極地利用差異化教學或補救教學，讓不同程度的學生都能感受到自己的成長。夥伴教師平時的教學就很有條理，而且可以清楚的指導學習要點，相信在慢慢累積教學經驗後，可以更細緻地教導不同程度的學生。

　　另一方面，為了及早發現學生的問題，並且讓學生了解創作的流程，把分解步驟寫在黑板上是一個好方法。按照黑板上的步驟，可以讓學生自我檢查，也方便教師實施形成性評量。夥伴教師如果能試著運用這樣的教學策略，相信可以減少許多學生作業無法完成及遲交的現象，同時也會看到學生與教師自己的共同成長。

案例回饋

回饋（一）

　　學校教育中，各課程領域的知能都涵蓋諸多不同複雜程度的技能。囿於個別差異，學生之間各項技能的發展與學習進程，自然會有所不同，這是課堂教學中常見的現象。對此，教師即應思考如何選擇適切的教學策略，來提升學生的學習成效。就本案例而言，建議的做法如下：

　　1. 加強技巧練習

　　小翊遇到繪畫或比較困難的設計單元時，他的進度會停滯，甚至畫不出來，這可能導因於他對完成繪畫作業所需的基本技巧尚不熟練。雖然不同的繪畫作業所需要的技巧不盡相同，但是繪畫過程中所涉及的構圖、線條、角度、觀察、輪廓、明暗、深淺、空間等，往往是廣泛需要的，學生對這些基

本技巧若能有初步的認識或掌握，將有利於其逐步完成繪畫作業，邁向學習目標。依此，教師可以採取課後指導、課餘練習、同儕觀摩、合作學習、作品臨摹等不同的方式，來增進學生繪畫的基本技巧，以重建其完成作業活動的信心，後續並進一步學習更趨複雜的作業活動。

2. 善用優勢技巧

小翊在平常的藝術與人文領域課程中，可以輕易地完成以點、線、面元素為主的設計單元圖畫，然而對於複雜度較高的繪圖，則相對難以完成。顯見小翊對於不同的繪畫技巧，各有不同的精熟程度。教師除了提供學生其弱勢技巧的練習和指導之外，可以給予較大的自主空間，讓學生可以運用本身的優勢技巧，提高其繪圖作業的完成率。隨著學生每次都能獲得具體的成就經驗與進展，日積月累，將可以有效建立其自信心，提升學生個人的自我效能感，裨益後續的學習。

3. 增進自我監控

從小翊作業進度經常落後，圖畫常常擦拭，而且最後仍是空白一片，無法如期繳交作業，可以發現他明顯缺乏自我監控的能力。因此，教師應該透過適切的引導策略，諸如提醒其掌控時間、給予作業活動的回饋訊息、自我檢視作業的進展、先繪製草圖再修正、自我分析作業遲交的原因等具體做法，協助小翊提高其自我監控的能力。

4. 給予立即回饋

學生的作業進度經常落後，無法按時繳交作業，表示他在課堂活動中未能留意個人的作業進度。就此而言，教師在課堂活動中，若能細心觀察，留意小翊的作業現況，並適時給予學生回饋，無論是技巧的指導、時間運用的管理、作業進度的掌控、作業目標的達成度等，都有助於引導學生突破眼前的困境，逐步完成作業。

5. 運用社會學習

學生都希望能擁有團體的歸屬感，希望在溫馨和諧的班級文化中，與同儕建立友善的關係，獲得同儕的支持。教師可以善用此種心理特性，透過社會學習的方式，激發學生學習的動能。在社會學習脈絡下，一方面協

助學生邁向既定的學習目標，過程中即使碰到挑戰，也能透過教師悉心的指導和鼓勵，以及同儕夥伴的支持和協助，攜手前進，突破困境；另一方面，藉由社會學習的方式，也可以增進學生之間的情感交流，凝聚團體的統體感（sense of community），對學習產生相加相乘的功效。課堂教學中的小老師制度、楷模表現、行為示範、社會性增強、公開獎勵等，都是常見的社會學習做法，教師可以參酌應用。

回饋（二）

　　任何一位教師都希望學生各方面都能有好的表現，而對學生的這種期許甚至是教師指導學生的原動力。案例中的夥伴教師對於學生無法完成和遲交「部分」作業的現象感到困擾，可見夥伴教師對學生的期許何其用心良苦。

　　然而每個人各有所長，身為教師的我們也不可能擁有所有專長，更何況是正在學習中的孩子。在小學階段，除非是藝才班的學生，本就確立將來要朝藝術方面發展，否則對一般學生而言，藝術與人文領域的學習強調的不只是知識與技能，而應關注藝術學習與生活、文化的結合，透過鑑賞與實踐，以彰顯全人發展。而且藝術與人文領域含括面十分寬廣，時下的藝術家也都是各有所長，對於小學生來說，要學生成為藝術創作的全才，對學生或許期望過高、壓力過大，因此教師必要時要同意能讓學生完成、繳交相關的替代性作業，才能營造雙贏局面，切勿因為不必要的堅持，而造成學生心理受創。

　　藝術創作本就非常多元，有時甚至還存在個人的主觀性與喜好。案例的內容說明和結果告訴我們，個案學生對繪畫性的作品確實較無自信，能力也較為不足，因此教學輔導教師協助夥伴教師思考如何幫助學生完成作業，以及如何進行評量，乃是正確的方向。雖然有些作業需要有一致性的規範，但是對某些有需求的特定學生，教師還是可以有其彈性，尤其藝術與人文領域的彈性更大。同樣的主題和素材，學生作品表現的差異性常令人歎為觀止，這樣也較能顯示每個學生的獨特性。

　　從案例中發現，該生已經能做抽象思考，對自己的作品產生批評意識。也由於批判性自覺能力的增強，雖然他想如實表現，但是未能充分做出寫實

的表現，導致「部分」作業未能完成。此外，這一階段的學生開始重視製作的結果而非創作的過程，教師要有所察覺，才能真正幫助學生提升藝術與人文領域學習的教學成效。

　　教學輔導教師和夥伴教師都是藝術與人文專長的教師，應該都要理解：1.避免讓這種觸覺型的兒童去做觀察的表現。2.創作主題以想像性創作、寫生、插畫、情感經驗、社會生活或表現色彩的心情為主。3.材料除了水彩及廣告顏料之外，也可以嘗試黏土、木材、金屬、紙張、石頭、版畫等材料來製作。4.可以讓學生有較充分的準備，在繪畫前先公布主題，請學生找好相關參考資料。

　　教師了解到學生有其不擅長的部分，那麼就可以引導學生理解，每個人都不是無所不能，帶領學生重新認識自己，悅納自己，找出自己的優勢，多著墨於自己的優勢，發展出與別人不同的一片天，避免學生因為否定自己而衍生出其他問題。教師也可以善用學生的優勢，找出與優勢較相關但必須靠繪畫來相輔而成的創作，或許這樣較能鼓勵學生願意嘗試繪畫，教師再即時輔以教學輔導教師所建議的鼓勵與正增強，以增加學生學習的信心。

　　除了給予學生即時鼓勵，有時伴隨著一點壓力或是一點誘因，也是激勵學生往前邁進的良策。教學輔導教師建議夥伴教師事先公告學生作業進度，作為中間下課的標準，對多數小學生而言會頗具成效。但凡事都有其變通方式，所以身為教師的我們要避免拘泥於作業形式、作業標準。「因人設事」有時有其必要性，尤其是對正在發展與學習中的孩子。

第五篇

親師聯繫溝通

案例 5-1

我的孫子一定被霸凌

關鍵詞：親師溝通、隔代教養、同儕衝突

一、夥伴教師的情境敘述

　　凡凡是隔代教養的孩子，母親在他出生後兩個月就跟凡凡的父親離婚，由奶奶和姨婆撫養長大。凡凡的父親很年輕，常常待在家沒有工作，對凡凡的教育方式總是打罵。姨婆跟老師說過，若凡凡在校有不好的表現，千萬不要告訴凡凡的父親，因為凡凡的父親只會用打、罵和踢的方式對待凡凡。

　　凡凡平日都由姨婆從家裡帶到隔壁縣市上學，老師問姨婆為何不讓凡凡在當地就讀，而要跑那麼遠來上學？姨婆說因為一、二年級時家裡房子太小，必須搬家租房子；現在不轉學的原因，是因為凡凡的奶奶不希望凡凡像他父親一樣，小時候曾經轉過學，就學壞了。

　　老師平日有任何問題，不管好的、壞的，或者姨婆有任何問題，都會直接面對面溝通。凡凡在校有脫序行為，老師也會跟姨婆反應。姨婆都會跟凡凡說：「下一次不可再犯喔！不然姨婆會告訴奶奶喔！」姨婆說，她在家扮白臉，奶奶則扮黑臉。

　　凡凡現在是國小三年級的學生，學習程度嚴重落後。一年級的老師說凡凡各項考試成績都很差，考聽寫都不到二十分，剛教過的字或複習過的字，馬上就不會寫；凡凡常欺負同學，但是老師向姨婆說，姨婆都不會告知奶奶，因此凡凡的奶奶都認為凡凡在學校是一位很守規矩的學生；同學長期受到欺負，一旦反擊回去，奶奶知道了，就會衝到學校罵老師和欺負凡凡的同學。

　　二年級的老師也曾因為凡凡學習上的問題，與家長溝通，告知資源班可以協助做個測驗，看看是否讓孩子上資源班，對凡凡的學習較有幫助。當時凡凡的家長全數到齊，談得還算融洽。沒想到，事後凡凡的奶奶和姨婆生氣地到校長室找校長，說老師怎麼可以要把她的孫子送到資源班，資源班就是資源回收班。

　　我是凡凡三年級的導師，這次事件是發生在開學第二個禮拜。當天是星期三，姨婆帶凡凡上學，向我反映凡凡眼角旁紅紅的（看起來是一個小小的、很不起眼的傷口），問我凡凡有沒有被同學霸凌，我當場問凡凡和同學有沒有人霸凌他，大家都說沒有，姨婆就回去了。

　　接著，學務主任打電話告知，凡凡的奶奶打電話給校長，說凡凡被霸凌，主任請老師處理。沒多久，訓育組長到班上了解情況，凡凡都說沒有人霸凌他；稍後，學務主任也到班上關心此事，凡凡一樣說沒有人欺負他。主任看了看凡凡的臉說，有可能是凡凡前天睡午覺時被壓到的（凡凡身材白白胖胖的），才會有一點點紅紅的。當天，我利用一些時間，私底下再好好地詢問凡凡：「你再仔細想想看，你的傷口是怎麼來的？」凡凡都說：「不知道。」也說真的沒有人欺負他。我說：「有沒有可能是會癢，有去抓過它？」凡凡則說：「不清楚，有可能。」

　　下午凡凡上課後班，大約兩點鐘時，家長到教室問我，凡凡臉上的傷是怎麼來的？我說凡凡多次表示沒有人欺負他，傷有可能是自己手抓的。凡凡的奶奶說：「不可能，一定有高年級霸凌他，只是他不敢說而已。」奶奶還問我，凡凡中間的眉毛有被削掉，我說：「看起來沒有啊！」奶奶說：「怎麼會沒有，他從小是我帶到大，我最清楚了。」凡凡當場哭喊著真的沒有人欺負他，奶奶說她要去找校長。我說帶著凡凡一起去，可以讓校長明瞭問題，奶奶表示不用，因為凡凡在哭。

　　凡凡的家長跟校長談完，回到班上說，校長表示我這位導師是校長特別選的（這應該是校長的善意謊言），課後班老師也幫我說話，表示我這位導師是全校最認真的導師，每天最早來上班、最晚下班。家長當時跟我說，應該是凡凡自己睡午覺時壓到的傷口。不過，奶奶的態度仍是一副高高在上，不苟言笑，不好親近的態度。

二、關鍵人物相關背景描述

1. 姨婆跟該生沒有血緣關係，只因在臺灣已沒有親人，曾經跟凡凡的奶奶一起做過賣雞排的生意，跟凡凡的家人一起住比較有伴。

2. 奶奶罹患乳癌五年了。

3. 父親高中就結婚了，高中沒有讀完。

4. 爺爺在凡凡父親很小時就出意外身亡，凡凡的父親從小由凡凡的曾祖父母帶大。

三、關鍵問題

1. 為何奶奶不相信凡凡眼角的小傷口，不是別人造成的？

2. 為何奶奶遇到此事，就要打電話給校長？

3. 身為導師，教學多年，曉得要小心翼翼地處理這樣的問題，但是要如何做，才能減少困擾呢？

案例回饋

回饋 (一)

本案例描述該生主要照顧者是姨婆及奶奶，而兩人的教養方式不一致。事件起因是該生眼角有小紅腫，奶奶直指是該生遭到霸凌而造成的，雖然導師調查結果並沒有此事，但是奶奶仍不相信，直接向校長投訴，經校長解釋，奶奶才勉強相信不是霸凌事件。針對老師所提關鍵問題回饋如下：

1. 為何奶奶不相信凡凡眼角的小傷口，不是別人造成的？

可能是因為老師的處理流程沒有獲得奶奶的認同。當老師獲知該生受傷時，應先關心學生受傷情形，再處理受傷原因。建議處理流程如下：

(1) 關心該生傷勢

當姨婆告知老師該生受傷時，老師第一時間要先關心該生傷勢，並詢問是否有就醫或擦藥了。也可以請他到健康中心，請校護檢查，並請校護協助研判致傷原因。接著詢問家長，有沒有需要老師協助的地方，讓家長感受到老師對該生的愛與關心。

(2) 了解受傷原因

當姨婆問導師該生有沒有被同學霸凌時，建議老師先接納姨婆的疑慮，答應姨婆會好好調查看看，再利用時間私下約談該生，詢問受傷原因，什麼時間發現受傷，昨天和誰一起玩，在哪裡玩等；接著，約談昨天和他一起玩的同學，是否看到該生如何受傷。若該生不願意說，或無法表達清楚時，可以尋求學務處行政人員或輔導室輔導老師協助，代為詢問該生受傷原因。藉由行政人員調查，可以增加結果的公信力，最後再跟姨婆告知調查過程與結果。當老師如此慎重處理，一方面可以將事件調查清楚，也可以讓家長感受到老師很重視這件事，幫他的孩子解決問題。

(3) 完整告知調查過程

當調查結束後，需完整並清楚告知家長調查過程及結果，建議將校護檢查說法、學務處行政人員或輔導室輔導老師訪談結果，以及班上同學的說法，一併告知姨婆及奶奶，並詢問家長是否還有需要調查之處。

2. 為何奶奶遇到此事就要打電話給校長？

當奶奶從導師這邊得不到滿意答案時，會向校長反映，這是人之常情，就像我們去商店消費，當店員無法解說清楚時，我們也會希望請店長來解說更清楚一點。當導師與校長的說法是一致時，家長就比較會相信事情真相是如此。從本案例的描述，提供以下三項方法可以讓家長相信老師的說法：

(1) 重新建立家長的信任感

該生奶奶可能因為二年級轉介資源班的事件，讓奶奶覺得學校已將該生貼上個案標籤，因此對學校產生不信任感。三年級的老師必須付出更多關懷來建立信任感。建議老師向奶奶告知該生學習情況時，不僅說該生表現不好之處，更要說該生表現好的地方，肯定該生的好表現，如此家長才能感受老師是全面性的了解小孩，更願意信任老師的說法。

(2) 確認家庭中主要溝通對象

當老師與家長溝通時，都是期望跟其中一位家長說，而其他家長也會知道小孩在學校發生的事情，達到溝通的目的。但是有些家庭並非如此，家長間訊息並無法完整傳遞，甚至會加油添醋轉述，造成更大誤會。因此針對教

養關係較複雜的學生家庭，老師必須確認家庭中主要教養者是誰，與他直接溝通，以免造成轉述時的落差。本案例中，接送該生上學者雖然是姨婆，但是實際教養者應當是奶奶，所以老師的主要溝通者應該是奶奶，隨時要跟奶奶保持聯繫，不能當該生發生重大事件時，才告知奶奶，這樣會造成奶奶心理上的落差。就如同案例中，二年級時該生常欺負同學，老師向姨婆說，姨婆不會轉告奶奶，該生的奶奶都認為該生在學校是一位很守規矩的學生，一旦同學因長期受到欺負而反擊，奶奶知道該生被欺負，就會衝到學校罵老師和欺負該生的同學。

(3)尋求行政團隊協助

當老師與家長無法清楚溝通時，可以尋求行政團隊的協助，例如：要召開資源班轉銜會議前，可以先請奶奶參觀資源班上課情形，並請資源班老師向奶奶說明資源班對該生的協助。在充分了解下，再進行正式會議，以免在奶奶心理尚未有所準備的情況下，就要做決定。又例如：當家長投訴疑似霸凌事件，除了老師調查外，也可以請學務處或輔導老師協助調查，多方調查後，再向家長回覆，讓家長感覺學校很重視該生的事件，家長較能相信導師的處理結果。

3. 身為導師，教學多年，曉得要小心翼翼地處理這樣的問題，但是如何做才能減少困擾呢？

(1)接納家長的問題

擔任導師多年，對於處理學生問題一定很有經驗，判斷事情一定也很精準，但是這可能也造成與家長溝通的阻礙，因為老師會以經驗來判斷，武斷的下結論，給家長的感受是：「老師沒有接納我的擔憂，認為我是多慮了。」久而久之，家長就不想與老師溝通了。因此老師應當先確認家長的問題，告知家長會儘快調查或處理，調查結束後，再跟家長說明處理過程及結果。

(2)建立事件處理SOP

老師處理事情，可能都是憑藉經驗來行事，難免會遺忘一些流程，所以要從經驗中萃取出SOP流程，以方便檢核自己是否有按照流程處理。對家長說明時，清楚的處理流程也能展現老師處理事情的專業，贏得家長信任。

(3)教導學生自我約束的能力

問題處理是治標的做法，治本還是要教導學生有自我約束行為的能力，多留意自我的言行舉止，不欺負同學，並要教導自我保護的觀念，遇事要尋求適當管道解決，正確表達自己的感受。教導學生行為向善，學生沒有發生問題，家長就可以放心了。

回饋（二）

學生受傷，即便是小傷口，也不宜等閒視之。尤其位在眼角，家長又主動提及，導師實宜優先處理學生受傷問題，讓學生的傷口能有妥善的治療，並同時了解學生心理狀態，之後再處理事情。因此，在知道凡凡眼角旁疑似有傷時，除了詢問事情發生的原因外，建議先至保健室請護理師協助處理傷口，畢竟傷口是在眼角，需要確定傷口是否會影響眼睛，之後再透過護理師判斷出現傷口的可能原因，並透過與當事人晤談，以及詢問班上與凡凡較常相處的同學，了解事情發生的來龍去脈。

在凡凡國小一、二年級時，家長與導師之間的溝通就有些許誤會，導師似乎都是在孩子出現問題之後才和家長聯絡，可能因此讓家長有老師總是來告狀、找麻煩的負面感受。即使三年級換了導師，也可能因為先前的經驗，容易讓家長不信任學校老師。因此導師在與家長溝通的同時，需要理解家長們的想法，以及家長對小孩的期許。在建立適當關係後，才能進行有效溝通。

尤其凡凡身處在一個隔代教養的家庭中，奶奶和姨婆也確實處境為難，兒子工作不穩定，她們在不得已的情況下擔負照顧孫子女的責任，難免會有失落情緒，加上自己健康也不佳，承受巨大的心理壓力。當孩子出現偏差行為或學習落後，往往會有相當的無力感與失落感。這時，又因長期累積對於導師的不信任感，遇到孩子在校內學習或人際互動有被不公平對待的疑慮時，她們就可能跳過導師，直接訴諸校長或主任，出面解決問題。

開學才第二個星期，可以主動和家長約一個時間進行家訪，釋出善意，了解孩子的成長背景與先前一、二年級不愉快的經驗，也從家長的角度去了解家長對孩子的期許，以及對先前學校老師的看法，並了解家長需要老師在

校協助的事項，老師與家長一同協助孩子成長。

　　後續和家長聯繫時，老師在聯絡簿上不僅要告知孩子需改進的地方，也應寫下孩子今日值得肯定的行為，讓她們知道老師一直關心孩子，知道老師也能看到孩子表現好的那一面，避免只有孩子做錯事時才會接到老師電話，從中慢慢建立起友善、信任的親師關係。家長若提到先前資源班的事情，可以徵詢家長同意，協請輔導室同仁一同出席，讓家長對此能有正確的理解，釐清家長先前對資源班的誤會。

　　最後，關於凡凡過往在班上與同儕相處的問題，建議老師能適時關心凡凡的生活起居，了解其在家、在校的人際互動概況，或請班上脾氣好、有耐性的同學擔任凡凡的小天使，分組活動時請他們多多照顧，協助孩子建立良好的人際互動，對班上有歸屬感，降低偏差行為之發生，以減少出錯而被責備的機會。也請小天使適時將凡凡表現狀況回報給老師，老師得以即時掌握其學習與人際互動狀況。

案例 5-2

我的孩子拿BB槍是自衛

關鍵詞：親師溝通、同儕衝突

一、夥伴教師的情境敘述

　　一月十五日是國中上學期的結業式前一天。當天晚間，接到小達家長的電話，小達表示他在放學的時候遭到小柏拿BB槍射擊，眼鏡被射破了。小柏的家長有主動打電話要道歉，只是收訊不好，當時沒說清楚。後來導師聯絡小達家長，小達家長表示原本不想追究，畢竟孩子在玩，多少會有衝突，但是後來想想小柏可能不只對小達射擊，如果也造成其他人的傷害，那不是一件好事。

　　導師聯絡了小柏的家長，小柏媽媽表示孩子已經告訴她事情發生的經過，表示畢竟是自己小孩闖出來的禍，因此願意負責，也希望之後能夠帶著小柏，當面向小達與小達的家長道歉。她也想要親自聯絡小達家長，便請我將小達家長的電話給她。經過小達媽媽同意之後，兩位家長聯繫並達成共識，小達媽媽會把眼鏡的修理費用收據夾在聯絡簿，請導師交給小柏媽媽。

　　在電話聯繫的同時，導師告訴小柏媽媽，攜帶危險物品到校且傷害同學，雖然是在校外，但會有相關的懲處，小柏媽媽表示能夠理解。另外，小柏媽媽已經知道BB槍是小柏向安親班的小朋友購買的，但因為小柏每個禮拜的零用錢皆有控管，不應該有盈餘可以買BB槍，小柏媽媽也表示會查清楚，到底購買BB槍的錢是來自哪裡。

　　一月二十七日，因為即將過年，小柏媽媽表示希望儘快交付賠款。她抱怨對方不想聯絡，擺高姿態。但導師聯絡小達家長後得知，因為小達的眼鏡

有配散光，需要訂做，因此沒有辦法馬上知道金額多少。小達家長並不是介意賠款，表示等下學期再給也沒關係。但是小柏媽媽很希望儘快了結，後續雙方家長持續聯絡並在過年之前完成賠款。

至於獎懲跟協調的事情，因為已屆學期末，於是等待到下學期開學後再行處理。

開學之後，導師要小柏帶上學期的自述書到校，卻一直沒有結果，於是通知家長。家長一反之前說法，認為當時是因為小達一直靠過去，BB槍已上膛，才會不小心誤射，沒有必要記小柏過。且案發地點、動機，與上學期末之說法不符，家長甚至與導師在電話裡爭執，聲明若要記過，原因可以是攜帶危險物品，但若是以攻擊他人為由則不認同，她認為小柏會拿BB槍射小達，只是為了自衛，都怪小達如此靠近小柏。

後續請小柏與事發當時在場的學生問清楚狀況，小達的確因為好奇，一直靠過去，但小柏確實是故意傷人，當場射擊了兩發，第一發沒射到，第二發剛好射中小達的鏡片。導師與小柏媽媽說明之後，也讓小柏與媽媽對質，後來媽媽同意的確有所錯怪，也向導師道歉，同意小柏要將自述書帶來學校。

二、關鍵人物相關背景描述

1. 小柏家庭背景

(1) 小柏媽媽因為懷了小柏，很早（16歲）就結婚生子。但小柏媽媽很關心孩子，有事情也都會打電話給導師商量處理。只是教養孩子沒有一定的原則，有時嚴厲、有時放縱。懲戒孩子時，若孩子求情或是撒嬌，便會改變原則。

(2) 小柏媽媽在面對孩子惹事時，大部分會知道自己孩子有錯，但言語中會表示孩子還小難免會犯錯，或是這就是他的個性，小孩也已經承認等；但相對的，若孩子被他人開玩笑或是被辱罵，便會很激烈的要求老師要處理，家長必須要當天來學校道歉。

(3) 小柏處於青春叛逆期，小柏媽媽雖然也想好好管教他，但是苦無方

法，一直降低對小柏的標準。也曾說，如果小柏對讀書沒興趣，那就這樣吧！請老師不要一直要求他，因此許多作業都經常遲交。

2. 小達家庭背景

(1) 小達的爸爸是工程師，媽媽是家庭主婦，家庭優渥，對經濟上的花費不太在意。

(2) 小達有一個姊姊、一個弟弟，但個性皆與小達差異頗大。據媽媽聊起，姊姊、弟弟都是較嚴格自律的人，而小達則是一個比較粗線條、專注力較差的孩子。

3. 學生行為表現

(1) 小達

①為人熱情、熱心服務，會很主動的要求老師給他任務，喜歡協助老師、幫同學的忙，天性樂觀。有時同學對他的粗心行為開玩笑，小達皆能豁達地笑笑帶過，表示沒關係，不會計較。

②有過動病史，因為吃藥會有明顯副作用，且隨著年紀漸增，藥效已無法發揮作用，而小達已能漸漸控制自己的行為，因此已停藥。但仍經常過度熱情，需要提點。但僅僅只是過度熱情，不至於傷害他人。

(2) 小柏

①性情直爽、熱心服務，很願意協助好朋友完成事情。個性古靈精怪，會有許多想法（但這些想法未必正當，有不少玩樂性質或是傷害他人的），喜好交友，人脈很廣。

②經常意氣用事，與同學相處會計較小細節，不喜歡父母、師長過度的叮嚀及關心，做錯事被指正時，會出現頂嘴、否認的行為，或是認為父母、師長就是針對他，有明顯青春期的叛逆。缺乏自律感，會說謊、逃避錯誤，學業能力不差，但把心思放在玩樂上，以沒興趣作為藉口，成績也自然愈來愈差。比較以自我為中心，未考慮自己行為對他人的傷害性。

三、關鍵問題

1. 小柏媽媽對小柏的管教原則較不能堅持，會因為孩子的態度改變。

2. 小柏媽媽過度包容自己的孩子，卻會以較嚴厲的標準要求其他同學遵守。

3. 協助小柏做事能有較多關於行為結果的思考。

4. 小達對人過度熱情，有時會成為他人的困擾，也容易成為他人攻擊的原因。

案例回饋

回饋 (一)

親師溝通貴在「還原事實、展現誠意、及時處理」。當事件發生時，小柏家長願意當面向小達與小達的家長道歉，也願意儘早完成小達眼鏡的賠款事宜。而小達媽媽也表示會把眼鏡的修理費用收據夾在聯絡簿，請導師交給小柏媽媽，顯見雙方家長皆已達成共識。

然而導師卻沒有及時協調完成，將所有事件都延宕至寒假過後、下學期開學再行處理，以致原本已協商好的結果變調，且衍生新的問題，後續要花更多時間來彌補。在此提出一些建議供教師參考。

1. 當班上學生發生糾紛時，導師應讓雙方就事情發生經過寫下陳述書，除適時加強輔導外，更應電話告知家長，並立即聯絡雙方家長到校詳談，以還原事實、釐清責任。請加害人當面道歉，且協調後續賠款及懲處事宜，儘速達成共識，以免後續產生爭議。

2. 導師應將所有過程以書面記錄下來，例如：學生輔導資料紀錄表（B表）等。若是情節重大，已涉及校外場域和人身安全，則必須告知學務處與輔導室，以便協助導師做進一步的處理。

3. 依教育部國民及學前教育署108年6月17日臺教國署學字第1080064466號函示：「教師基於輔導管教目的，要求學生進行書面自省時，相關的執行程序務必嚴謹完備。例如：將學生狀況及安排書面自省一事預先告知家長；另基於維護學生受教權，不應於上課時間要求學生寫自省書；教師亦不應對學生書面自省內容預設立場，應尊重學生書寫意願及其書面自省內容等。」另，「學校應依陳述書、書面自省及獎懲建議單不同目的與功能，釐清表件

之使用時機，『陳述書』應定位為釐清案情而使用；『書面自省』指教師基於教育專業為引導學生檢討改正所採取之措施；『獎懲建議單』指學校確定學生犯錯事實後，由教師依據學校校規所填寫之表件，屬學校內部獎懲程序的一環。不論『陳述書』或『書面自省』均不應併同作為獎懲建議單。」

　　因此，導師應了解現行法規內容與行政處理流程，多請教同儕並尋求資源，處理學生爭議事件務必謹慎，記過懲處並非唯一途徑，學生改善行為與親師良好溝通才是根本之道。故「還原事實、展現誠意、及時處理」乃每一位教師應深入學習的課題。

回饋 (二)

　　學生自述書或書面自省表的使用有其時效性。時間一旦拉長，事情陳述的完整性就會降低，因此不宜拖太久，在事情發生的當天或者最晚為隔天，可以透過請學生寫自述書以了解事情發生的來龍去脈，也讓學生藉此反省，並輔以個別談話來釐清事情。

　　此案例經過一個寒假才要求學生繳交自述書，書寫內容容易失去原本的真實性。再則針對此一事件，老師先不要急著下結論，建議請事情相關當事人均分別描述事件經過，老師藉由學生的不同觀點，了解事件的樣貌。此案例只要求小柏書寫自述書，對觀點的了解較為片面，亦較難從書面了解事情的全貌。

　　在親師溝通聯繫部分，本案例導師與雙方家長的聯繫互動方式大都是在電話中進行討論與協商，缺少面對面的互動交流。其實若牽涉到學生的危險行為，或有違法之虞的行為，或者是家長與老師、家長與家長之間需要溝通協調的部分，建議導師應主動約集雙方家長，一同於學校面對面溝通，並同時協請學務處幫忙，在學校建立一個溝通橋梁與管道，當面把事情釐清並進行溝通協調。此案例透過導師作為橋梁，後來利用電話進行聯繫，因為沒有當面協調，或第三方公正人士在場並做成記錄，恐因不同的觀點與立場導致有不同的解讀，誤會常因此而產生。

　　最後，學生的問題行為並非都要訴諸校規處理。記過懲處並非目的，幫助孩子了解行為的後果才是重點。因此寫過自述書之後，要引導兩個孩子思

考下次自己該如何做，那樣做之後又會產生哪些後果，孩子才可以從這些錯誤中學到教訓。

　　關於導師對案例中兩位當事人的後續輔導與關懷，小柏性情直爽、熱心服務、喜好交友、人脈很廣，老師大可善用這些特質，培養孩子成為得力的小幫手，藉此幫助孩子學習正向行為。有了良好的師生關係，日後也較能適時導正孩子在「叛逆期」的一些偏差行為。小達天性樂觀，過度熱情會成為他人的困擾，所幸孩子喜歡協助老師、幫同學的忙，老師可以指派某些班務給他，讓他名正言順的提供協助、滿足助人為快樂之本的成就感，也適時讓其他同學看到小達的優點。

案例 5-3

爸爸不讓我上補救教學課

關鍵詞：親師溝通、學習能力不佳

一、夥伴教師的情境敘述

小惟的學業成績不好，經過學校七年級智力測驗後，得分接近智能障礙的標準。他的邏輯應用欠佳，記憶困難，文字語意不清。看他寫的札記，會發現他對有些常用字詞的理解與常人不同，例如：描述課後放學時間，他曾寫「我會與我家的馬子狗抱來抱去，叫他坐下」，經過詢問，才知道原來「馬子狗」是他家裡的狗，而他只是聽人家講過這個名詞，以為是稱讚狗狗很漂亮，因此就用了這個稱呼。小惟因為能力較差，作業經常缺交，放學後經常要留校完成前一天的作業。

七下時，小惟因七上數學不及格，上完補救教學後，還得留校跟隨老師練習補考題目。對此，小惟爸爸感到不高興，打電話到學校，口氣不太好的問：「到底我的小孩是有那麼笨嗎？需要留下來練習？老師你是不是專門針對我們這種外配的小孩？」（其實，先前有請小惟通知家長，但事後得知，小惟認為沒關係，因此沒有告知家長）。隔天，爸爸在聯絡簿上寫了字條，內容語帶威脅：「老師若再留小惟下來，我會找人來處理，不要針對我的小孩，我的小孩沒有問題。」並要老師回電。

老師詢問了小惟，知道前一天爸爸喝了酒。當老師打電話到小惟家裡，小惟爸爸稍微心平氣和一些。他也承認，比起弟弟，小惟太過安靜內向。因為小惟小時候腦部曾受傷，學習能力不是很好，還請老師多多幫忙。但放學後還是儘量讓他準時回家，若要留校，也要通知家長時間。

　　因為小惟的學習能力較差，七年級開始測驗後，國、英、數三科都符合補救教學資格，便參加了學校開辦的第八節補救教學課程。但八下繳交回條時，發現家長勾選「不願意參加」，回條上寫了原因，說是因為小惟要參加校外補習。老師詢問小惟：「以前都有參加補救教學，怎麼這次不參加了呢？」小惟表示他想參加，但爸爸不想。老師問他，是否有跟爸爸說，小惟說他不敢跟爸爸講，只有跟媽媽說，但媽媽說了應該也沒有用。

　　聯絡家長之後，老師發現小惟爸爸讓他參加的是電腦跟英文課程，但英文是去上國小才藝班。導師向小惟爸爸說明，這樣的補習可能不適合現在的小惟，但小惟爸爸認為小惟應該開始學個一技之長，未來去考證照；英文則是因為唸國小的弟弟補了以後效果還不錯，所以讓小惟也一起去補，因此請老師讓他準時離開學校。

　　老師懷疑小惟有學習障礙，加上智力測驗位居臨界值，因此想送小惟接受進一步的測驗。曾經用非常委婉的口氣告訴小惟爸爸，暗示小惟的能力差了一些，人際溝通也比較不好，希望安排進一步的輔導，幫助他改善，因此想要讓他接受某些測驗，期望爸爸同意，爸爸初步是同意了。

　　後來在路上遇到導師，小惟爸爸又特地說了一次英文課的上課時間，要老師讓小惟正常放學；但同時也感謝老師讓小惟多了個輔導老師來幫小惟的忙。

二、關鍵人物相關背景描述

1. 小惟家庭背景

　　(1) 小惟爸爸從事餐飲業，媽媽是外配，中文能力不是很好；家裡的大小事幾乎都由爸爸決定，媽媽比較沒有說話的分量。

　　(2) 小惟爸爸下班後有喝酒的習慣，喝了酒以後脾氣會變得很不好，會亂打人，這時小惟與弟弟就會先躲到房間裡面去。

　　(3) 小惟有一個唸國小的弟弟，成績名列前茅，爸爸有時會將小惟與弟弟作比較。

2. 小惟行為及表現

(1) 小惟個性內向，缺乏自信，但很乖巧，老師交代的事情，幾乎都能將它完成，但分組活動時就會顯得不積極，沒有表現。

(2) 小惟的學習能力較差，若沒有在課後複習，幾乎會忘光前一天所學，甚至下午就忘了早上已花時間理解的習題。

(3) 小惟因為能力較差，經常作業缺交。作業缺交可能是因為不會寫，需要其他人協助。

(4) 小惟也因為過度內向，在班上與同學之間的人際關係並不緊密。擔任小老師時，可完成老師交辦之個人可完成事項，但若要他宣布事情，他經常不敢說，導致任課老師責罵全班沒有完成交代的事情。擔任資訊股長期間，面對電腦問題，都請前任資訊股長協助，也因此把設備未收、未歸還等責任轉嫁到前任資訊股長身上。甚至因為協助太多次，學校設備組誤以為前任資訊股長為這學期資訊股長，廣播直接點名罵錯人，前任資訊股長不高興，不願意再協助。發生此事件後，期末的幹部自我檢討，小惟表達出「不想再擔任幹部，這實在太可怕了」等消極擔心的話語。

(5) 已請校內輔導老師針對小惟的狀況、人際交往、意見表達之事，固定晤談，協助其改善，提升人際關係技巧。

三、關鍵問題

1. 若判定小惟確實有智能或是學習障礙，老師如何與小惟爸爸溝通？

2. 小惟爸爸似乎是為了躲避老師留校此事，以補習來作為理由，但忽略了這樣的補習不是小惟這個階段所需要的。

3. 小惟過度內向，會逃避自己的需要，也會因為懼怕爸爸，無法有效表達，跟爸爸之間的溝通較為無效。

案例回饋

回饋（一）

案例中的教師相當關心學生的學習，但學生的學習要考量多元智慧，訂

定合宜的期許，並鼓勵學生多元適性發展，方能成就每一個孩子。針對案例陳述，提出以下看法供參考：

1. 案主的家庭能提供學生基本的學習支持

案主的母親雖然是新移民，父親喝酒後亦有失態情形，但家長仍關心子女教育，能夠讓其參加電腦跟英文的課後補習。這雖然可能不是教師心目中完美的家庭，但家庭能夠提供學生基本的學習支持，可能比上不足，但跟很多失能家庭相較，一定比下有餘。

2. 以同理的角度思考案主的生活環境與父親的想法

在現行的社會中，許多人對於新移民不夠友善，對於學業表現弱勢的學生也存有刻板印象。親師的溝通過程中，家長的語氣及用語可能不是那麼禮貌，但教師若能用同理的角度思考案主家長的處境，對於家長的溝通內容與方式則較能釋懷。

3. 案主的父親關心子女教育，其教育觀有值得肯定之處

案主的父親雖然不喜歡案主參加補救教學與加強之練習，心態上可能部分是考量案主的學習能力，所以英文補習是參考其程度，選擇參加國小的才藝班，同時也讓案主參加電腦課程，學習一技之長，希望日後有機會參加證照考試。上述這種為案主尋求適性學習的教育觀，值得肯定。

4. 案主父親的替代補救學習做法應予尊重

案例中的教師對於案主父親不同意案主參加補救教學，似乎感到困擾。若案主的父親無視案主的學習需要，對於其學習落後的情形毫不關心，此時確實需要學校和教師多予介入。但是案主父親似乎了解案主的學習狀態，也考量案主的程度為他安排了課後學習活動，更考量到案主本身學習上的限制，希望他日後能具一技之長，在此種情形下，家長為子女選擇補救學習之做法應予尊重。

5. 運用案主的優勢智慧，幫助其增進學習信心

安排案主擔任資訊股長一職，其適切性值得思考。一位學習弱勢的學生本身經常需要別人協助，資訊的學習對其可能已屬不易，還要擔任資訊股長，實在有些強其所難。根據案例的描述，案主因為先天和環境上的因素，

讓其在學習上顯現弱勢，以至於同儕互動較不積極，在自信心上也有所不足，但案主個性乖巧，老師交代的事也都能完成，教師在輔導時應善用其優勢，適時為其製造與同儕互動的成功機會，幫助他增進學習的信心。

6. 校內的學習補救除留校之外應有其他做法

案主的父親對於個案的學習有其考量，同時也因為自行安排課後學習的原因，而不願意參與學校課後補救教學。補救教學的做法有許多方式，除了課後，尚有課中的補救；一般學校的輔導室也有許多相關的措施，可以在學生在校時間提供學習上的協助，教師可以多加利用，不一定要執著於課後留校。

回饋（二）

第八節補救教學屬於額外的課程，可以讓家長詳細地了解課程相關內容，以及參加補救教學對孩子的幫助。若是家長仍不同意讓孩子參加，則無法勉強。若是學生無法參與課後補救教學，且非單一案例，教師可以與學校行政單位溝通，看看是否有機會能採取課間補救教學的方式來幫助學生。另外，教師也可以利用課間空檔，親自指導小惟，或是請小老師或比較有耐性的同學一起協助小惟完成作業。

雖然沒有確定學生是否為學習障礙，但是觀察小惟平常的學習情況可以發現該生在學習上出現困難。導師可以向特教組請益，了解學習障礙的相關特徵，以及該校資源班的運作情況，並蒐集該生學習的相關資料，例如：聯絡簿的札記、作文、數學作業的書寫，或者是平日相處時，學生出現的一些生活困擾等，根據小惟相關的作業資料，進一步與特教組師長做初步的討論，看看是否有需要送鑑定做評估。若從初步的資料觀察出該生有可能為學習障礙，導師需要與家長做良好的溝通，讓家長清楚知道送鑑定評估的必要與流程、資源班的上課方式，以及若有符合學習障礙的身分，對孩子的幫助有哪些等，一切是以對孩子學習最有幫助的方式來做考量。

教師或許想藉助小老師的任務來訓練小惟，但小惟明顯無法勝任，甚至可能帶來學生更多的身心挫折。建議老師可從難度較低的工作開始，一次、兩次慢慢來，逐步累積、順利完成該有的方法與技巧，也增加孩子的自信心

與成就感。另外，老師也可以請小惟擔任自己的小助手，找機會肯定小惟的好表現，發掘小惟其他的長處，也讓其他同學看到小惟的優點。

　　本案例中，小惟具有新住民的身分，母親語言能力較為不足，對於孩子課業學習的協助較有困難。教師面對班上一些較為弱勢、低成就的學生，可能也需要思考在學習障礙的因素之外，或許還存在更多家庭或社區文化不利的因素，需要有更多的同理與關懷，關照孩子的生長背景與學習適應所面對的困難。

　　而本案例中的另一關鍵人物──小惟的父親，一開始對於教師將小惟留校進行補考練習不甚諒解，甚至覺得老師對於外配小孩有偏見，但是他卻願意花錢讓兩個孩子到補習班學習電腦與英文課程，希望從小開始培養孩子的一技之長，從某個角度而言，小惟爸爸還頗有其教育想法與主張。雖然不讓孩子上補救教學，但是他嘗試讓孩子參加課外才藝班，提供他們不同的學習機會，仍然值得肯定。因此，在有限學習時間下，究竟應該先就基礎科目不斷的精熟學習，還是選擇自己較為優勢的智慧加深加廣，這個問題本來就無對錯，只不過是一種教育價值的選擇。導師或許可先保持和小惟爸爸的溝通聯繫，建立良好的信賴關係，比如經由聯絡簿回饋告知爸爸小惟近日的好表現，讓家長知道老師一直關心孩子，也讓父母的努力得到安慰。之後有機會，再和小惟爸爸談談彼此教育觀點的差異，屆時或許有機會說服家長讓小惟參與課後補救教學也不一定。尤其小惟也表示他有主動學習的意願，只是父親的教育方式稍嫌主導且強勢，因此小惟也需要培養和父親委婉溝通、表達自己學習需求的技巧。在這方面，老師或可助其一臂之力！

案例 5-4

我女兒的傷不夠嚴重嗎？

關鍵詞：親師溝通、同儕衝突

一、夥伴教師的情境敘述

打掃時間結束前，A將B的便當袋放在垃圾袋中（剛裝上，是新的）。打掃時間結束後，B看見自己的便當袋在垃圾袋內，要走過去拿回來。此時，C因為自己的桌上莫名出現了一些橡皮筋，因此先B一步走過去，要丟掉這些橡皮筋。

C看到垃圾袋中有便當袋，轉頭看了B一眼，B以為C要搶他的便當袋，立刻手刀衝過去，並以臀部撞了C，C因此被撞到布告欄上，眼鏡鏡框陷入鼻梁兩眼中間有一長約1.5公分的撕裂傷。C的好友見狀立刻送C至保健室，護理師先為其止血（導師此時剛趕到保健室），並詢問是否會想吐，確認意識清楚後，護理師打電話告知家長此傷口需進行縫合，確認家長能立刻到校。導師請B去幫C收書包，護理師將傷口止血並貼上OK繃後，等待媽媽到校。

C的媽媽開車先趕到學校，情緒激動，質問C怎麼經常出事。校長與學務處此時抵達並關心學生傷勢。其後阿公亦趕到學校，阿公表示由他開車送C去醫院，媽媽先開車回家拿健保卡，再去醫院會合。此時約16時20分，導師或校方人員並未陪同去醫院。

16時50分，導師以電話聯繫家長，追蹤後續狀況，媽媽說因為路上塞車嚴重，還未抵達醫院。媽媽此時心情已經較為穩定，請導師協助安撫B，因為C說B在幫她止血時，B的手一直抖，一定很害怕；媽媽並告知導師，

她認為學校應該要叫救護車，當下導師回覆媽媽，先前班上同學亦曾叫救護車，但約20分鐘才到，來回路程40分鐘，家長送去應該會更快，並表示會再詢問護理師。

當日導師聯絡了A、B兩位的家長告知此事。在C進去接受縫合時，媽媽用LINE告知導師，C只能一個人進去，媽媽不能陪在她身邊。媽媽還說她問C為何都沒有哭，C告訴媽媽，因為她怕媽媽哭。導師回覆她，她的心情會影響小孩，請她多寬心，小孩比較能釋放壓力。

稍晚再次聯繫C確認狀況，據說縫了7針。與C通電話時，C表示當時一個人在重傷區內接受縫合，媽媽在外面不能陪她，她很害怕，也看到許多比她嚴重很多的人，她是裡面受傷最輕微的。導師詢問是否有照X光確認骨骼有無受傷，C說沒有，導師請C跟媽媽說，要向醫生提議檢查。

隔日3月29日，導師要求A、B寫小卡片慰問C。A個性較為老實，寫的卡片內容誠懇，B則以玩笑語氣寫：「妳今天沒來上課耶！老師竟然叫我寫50字的卡片！還有我的英文考100分喔！羨慕嗎~~~」導師看過後，雖然翻了個白眼，想叫其重寫，但轉念一想，或許他們的溝通方式就是如此，便不干涉這種以搞笑代替道歉的方式。

3月30日，三位家長到校談責任歸屬問題，談好A、B兩位家長五五分攤所有醫療及後續醫美費用。A的爸爸能立刻察覺事情重點與他人情緒，在整件事情中配合度相當高，並對C的媽媽感同身受。

B的爸爸處理事情的方式與B十分相似，較難同理他人，或者把所有事情看得太輕。許多事情爸爸會認為沒有什麼大不了的，B的姐姐國中時打籃球亦曾被同學K到頭，縫了幾針。爸爸認為小孩玩難免會受傷，沒什麼，當時事情也是平淡處理，故較難同理C的媽媽。

當日C的媽媽表示相當不滿意B的卡片內容及B爸爸的態度。導師雖然有解釋，B其實是希望能逗C笑，並非不誠懇，但媽媽聽不進去。後來導師詢問怎麼看卡片的事，C表示她知道B是想逗她開心，但是媽媽還是很生氣。另外C的媽媽私下向導師提到，她還要要求精神賠償費用，並說她要要求多少等，導師對她為何不當場提出而感到困擾。媽媽表示：「不是什麼事都要別人開口吧！」

學校方面由於沒叫救護車，媽媽打算提告。校長則是立場堅定，相信護理師的專業判斷，她要告就告吧！

3月31日生教組長與C的媽媽通電話，感受到她因為事件的發生受到驚嚇，情緒才會如此激動，生教組長安撫同理後，C的媽媽情緒平復許多。導師放學時站導護，遇到C的媽媽，她還特地停下來與導師打招呼，臉上有了笑容。晚上時還傳LINE，傳C開心吃飯、胃口很好的照片。

二、關鍵人物相關背景描述

1. 班級氣氛狀況

班上近七成孩子（不論男、女）活潑好動，經常互相打鬧，導師僅要求不可在班上玩，並告訴男孩子，有些遊戲要看人玩，例如：可以與男生打鬧，但不可與女生打鬧。另外班上孩子個性都相當愛開玩笑，導師並未禁止。只特別嚴格禁止偷藏同學物品，以「不告而取謂之竊」為由告知全班，若違反將記小過（導師平時幾乎不用校規處罰）。

2. 學生行為表現

(1)學生A

功課不錯，導師交代的事會認真負責完成；但是人際互動不佳，是個人緣不好的孩子，雖然想融入同學，但是常會用錯誤的方式。A經常對B惡作劇，導師猜測他是因為想獲得注意或者好人緣，才會經常對班上受歡迎的B惡作劇。小學時有ADHD確診，並有服藥。小學高年級時，爸爸決定停藥。國中時皆未服藥。但是除了B以外，鮮少對其他同學惡作劇。

(2)學生B

成績相當好，個性不願與人衝突，非常怕尷尬與愛面子。雖然經常受到A的惡作劇，但並未告知導師，都只是自己隱忍（以前曾被班上更惡劣的孩子不斷欺負，但皆未告知導師，導師都是從其他同學處得知）。另一方面，由於愛開玩笑，且口齒伶俐，在班上人緣相當好。近期有頻繁捉弄C的傾向。

(3) 學生C

熱心助人，會為他人著想，善良，愛笑，但解決事情的能力不足，經常告狀，因而被同學取笑。小事情上依賴性重，但遇大事又會隱忍不說。同學對她做她不喜歡的事情，沒辦法板起臉來拒絕，因此常被欺負。因為個性不喜與人衝突，受人欺負與捉弄時不知如何解決，經常依賴導師幫其處理，甚至有幾次導師不在沒人可以幫她，她就直接哭出來，因為媽媽曾教她，就是要哭，讓同學嚇到，才不會一直被欺負。除了被欺負外，亦有兩次在家政課，食物沒煮熟，而引發食物中毒，媽媽很介意。平衡感不佳，國小時便經常無故跌倒。最近一次在3月9日因食物沒煮熟，疑似引起諾羅病毒，康復後又因身體虛弱，引發重感冒，因而請假七日，3月20日才回到學校上課。

3. 學生家庭背景描述

(1) 學生B

家裡有爸爸、媽媽、姐姐，家中經濟由爸爸負責，狀況無虞。媽媽說話方式較為拐彎抹角，還會把自己心中的想法及憂慮之處推給爸爸（媽媽會說是爸爸這麼認為，但導師問B後，發現是媽媽自己這麼想）。爸爸則是較為大氣，許多事覺得無妨、不重要。所以在談責任歸屬的當下，給人不誠懇的感受。

(2) 學生C

單親，由媽媽撫養，安全感較不足，情緒容易激動，有時會把所有不安的情緒發洩在其他人身上。家中還有阿公、阿嬤與一個妹妹，妹妹是ADHD確診。媽媽個性直來直往，沒有發生事情時是個好溝通的家長。阿公很聰明且能力非常強，甚至能指導C功課。

由於妹妹本身的狀況，所以家中其他人自然對C比較好，妹妹總是認為大家偏心姊姊，媽媽不希望妹妹有此想法，於是對C要求較高。C曾表示不想認真唸書了，反正考試考好也不會被稱讚。

由於C上國中時，經常被班上一名行為問題嚴重的學生（非A、B）欺負，C多次不堪其擾，向媽媽訴苦。媽媽聽到自己小孩被欺負而有小擦傷，雖然平時與導師溝通良好，但此時都會要導師給保證，以後不再發生此事。

但導師表示無法向其保證，媽媽曾表示要向欺負者提告，導師亦贊同，但媽媽聽到後反而打消念頭。

三、關鍵問題

1. B與C的個性不願衝突，且有不滿不懂得嚴肅表達（導師都教過無數次），該如何幫助這兩位學生改善？

2. 事後C的媽媽一直認為，學校為何不叫救護車，生教組長的回覆是護理師當下的判斷是不需叫救護車，媽媽憤怒表示：「所以妳是說我女兒的傷不夠嚴重嗎？」護理師的判斷與媽媽期待不符合，該如何與媽媽溝通？

3. 導師的立場應該為何？學校生教組長與校長不斷表示要導師站住自己的陣腳，似乎是怕導師的言行會讓媽媽認為學校有錯，所以一直告訴導師，要與學校站在同一陣線，學校護理師的判斷沒有問題。但是此時媽媽需要的是被同理，知道導師其實跟她一樣關心孩子，甚至要表示能跟她一起責怪學校怎麼沒叫救護車。

4. 第三天C的媽媽也提到，為何學校皆無老師陪同去醫院，只會打電話，也沒有人去探望，校長甚至到第二天早上才打電話關心等。她認為其他人不夠貼心，都沒做到道義上該做的事情。以後遇到有學生受傷送醫的狀況，要如何才能做得更圓滿？

5. 以後再遇到C發生事故，該如何安撫媽媽情緒？

案例回饋

回饋（一）

各級學校都應成立健康促進委員會，訂有「學生緊急傷病處理流程」，會議宣導並張貼於健康中心明顯之處，全校教職員生遇有傷病處理時準用之，而護理人員及導師更應熟悉所有SOP流程。而為發揮同理心，顧及時效性，學校應於事件發生後30分鐘內電話通知家長；若聯繫不上，依程序填寫電話紀錄單，並立即啟動應變措施。

C當時兩眼間已出現1.5公分的撕裂傷，護理止血後，評估此傷口需要

縫合，故應立即叫救護車，並由護理師陪同就醫。導師緊急安排課務後，應趕至醫院了解情形，照顧學生並安撫家長，切勿以先前救護車遲到為理由，苦等家長到校而延誤傷者就醫，讓事件擴大。

　　導師平時在班級經營與輔導管教方面，應建立一套班級規範，為與不為之間應告知學生明顯的分際。尤其在同學受傷時應展現高度的同理心，不宜落井下石，以開玩笑的字眼溝通。因此，當導師看到B搞笑的道歉卡片時，宜輔導其將心比心的正確作為，重寫卡片並展現道歉的誠意。

　　導師除了平日對學生的輔導管教之外，對於家長應建立良好的親師關係。學生在校若有不錯的表現，可以在家庭聯絡簿上適時讚美鼓勵；若有不當的行為，導師是第一線的輔導者，應秉持教育愛與專業力輔導之，不可任其開玩笑傷人而不制止。另外，發生事故時，不逃避且勇敢面對，懂得尋找資源與支援。至於平時則厚植自己的人文素養，建立終身學習的習慣，積極參與專業學習社群，與同儕一起專業成長，深信對班級經營與親師溝通技巧有一定的助益。

　　身為校長或行政人員，在處理危機事件時，應展現最大的包容度與同理心，關心學生的傷勢，安撫家長的情緒。校長更應以柔軟的身段，邀請行政人員、導師與C的媽媽一起坐下來理性溝通，說明事情發生的經過，表明學校處理的原則，切勿用「告就告吧！」這種較強硬的心態來面對家長進一步的訴求，以免事情愈演愈烈，最後需要花更多的時間來處理後續事宜。

回饋 (二)

　　學生衝突引發意外事件，尤其又涉及需要送醫處理，其處理程序必須格外謹慎。茲提出以下的建議供參考：

1. 學生受傷應依學校標準程序處理，並以同理心看待家長之反應

　　發生學生受傷等意外事故時，從事件發生、處理、學校與當事人的應對，以及事後和解等，學校都會有一套標準之處理流程，教師進入學校時就應主動了解，事件發生後配合校方標準流程迅速處理，以展現專業、效率，和令人信任的組織與個人形象。面對學生受傷事件，家長的心情與反應需要

被同理。家長得知子女受傷，心情一定是又難過又心急，其情緒也會隨著傷者反應和傷勢復原情形而起起伏伏，時而顯得理性、時而可能充滿情緒，學校和教師在溝通時勿以「此事稀鬆平常、見怪不怪」、「要不就直接對簿公堂」的方式應對，以免激化家長不理性之情緒。

2. 學生受傷需送醫時，應依照家長意願即刻陪同就醫

學生受傷經學校護理師緊急處理並判斷需送醫時，應即刻叫救護車，由學校護理師陪同，前往學生入學時家長所填寫之緊急就醫醫院就診。教師在交代完班務後，也應趕赴醫院表達關心，提供必要之協助，並給予家屬心理上的安慰。

3. 學生使用文字道歉時宜考量當事人感受，引導其以謹慎態度面對

學生之間的平日相處雖然會打鬧嬉戲，但面對意外事件時應引導學生以審慎的態度面對。因為意外事件的當事人，除了學生之外還有其家屬，必須顧及家人的感受。C的家人在面對意外事件時，心裡已然不好受，看到B自以為幽默的道歉方式，無法接受是可以理解的，尤其訴諸於文字之後，有時不僅無法發揮道歉安慰功能，反而可能產生火上加油的反效果。

4. 當事雙方家長見面前，導師及校方應做妥善之準備

意外事件和解的過程要審慎處理，以免和解不成，反釀更嚴重之糾紛。學校和教師在和解見面前，應先徵詢C家人的要求，並傳達給A、B的家長，了解其接受的可能性。在確認雙方都願意表達或接受彼此可以接受的歉意時，再行安排雙方家長見面進行和解，以免雙方家長見面時談不攏條件，再度傷了和氣，後續的和解就會更費工夫。同時，若知道B生的家長具有幽默、無所謂的特質，而C生家長不一定能接受這樣的表達方式時，在會議召開前也應予以提醒，建議B生家長應以適切言語表達歉意。

5. 教師應藉此機會對全班學生進行機會教育

教師班級的學生平日就喜歡開玩笑、嘻笑打鬧，此雖為青春期學生的特質，但教師宜就此事件進行機會教育，提醒同學間平日的開玩笑雖有助於調劑緊張的學習生活，但應掌握分寸，否則易釀意外，不僅造成身心傷害，可能還會要負法律之責。

6. A、B、C及班上的每位學生都需要教師的關心與輔導

　　從案例中對A、B、C三位學生的描述中發現，此三位學生在生理、心理、學習以及人際互動上，都有一些需要協助之處。現在家庭的子女數和學校班級中學生數都少，每位學生被「看見」的機會增加，所以其優勢與劣勢也容易被師長發現、放大。其實，每個人都有優缺點，更何況是在學習過程的孩子。此次事件對於班上學生、班級氣氛都造成了一些衝擊，教師應給予所有學生適切的關心和輔導。

案例 5-5

電話那頭崩潰痛哭的媽媽

> 關鍵詞：親師溝通、同儕衝突

一、夥伴教師的情境敘述

家家夏天時體味頗重，同學不喜歡這個味道。家家意識到這樣的狀況對他與同學之間的相處多少有影響，但沒有調整自己與同學之間的距離。

最近，家家靠近小柏時，小柏要他不要靠近。前幾次，家家對於小柏的嫌棄沒有什麼表示。但後來家家不但沒有改變靠近小柏的距離，甚至因為小柏的態度，還故意繞到小柏的位子旁。兩人因此衝突愈來愈多，而家家也用不好的口氣回話。

一日，家家在走廊上遇到小柏，小柏挑釁地問：「來打架啊！」家家亦回答：「好啊！」平日跟小柏混在一起的小楷，建議找九年級學長處理。

下午第一節下課，另外一位同學小章帶家家過去找九年級學長，在九年級外的走廊，學長逼問家家是否說要打小柏，家家回說：「沒有。」第二節下課時，家家被帶進九年級管理的體育器材室，學長動手拍家家的背。上輔導課時，一夥人遲進教室，導師詢問發生什麼事，沒有人回話說明。放學後，老師留下家家詢問最近與小柏發生的諸多衝突事件，討論要如何解決，但家家沒有告知有被帶去學長那邊被恐嚇、威脅的事情。

下午第八節生教組長通知，老師知道有此事件發生，詢問家家，學長除了對他威脅、恐嚇之外，是否有人動手，家家皆否認說「沒有」。大致了解事情經過後，原本待隔日再處理，卻接到家家媽媽電話表示，家家有被打，然而家家要媽媽不能告訴老師，甚至因為媽媽告訴老師，而對媽媽發脾

氣、不接媽媽的電話。九年級學長一開始不願意承認，打給家家，家家不接電話，最後家家與媽媽聯絡，威脅媽媽，以後不對她說任何事，還揚言要自殺。

家家的媽媽在電話那頭崩潰痛哭，問老師是否應該要幫家家轉學，但又不希望家家爸爸知道這件事情。媽媽認為是自己害到家家，沒有保護好家家。晚間持續來電，要老師不要聯絡爸爸，如果爸爸知道，會打家家，並表示想要隔天強行帶走家家。

二、關鍵人物相關背景描述

1. 家庭背景

(1) 家家的父母因為爸爸家暴而離婚，姊姊也因為爸爸的家暴，國中畢業後即離家，目前家家與爸爸同住，但爸爸不太關心家家，國小開始便沒有簽聯絡簿，後來經導師要求才有所改善。家家渴望爸爸對他好，但也害怕爸爸，不敢也不願意與爸爸溝通。爸爸有一同居人，但據家家描述，對他並不好。（這點需要存疑，因為聽家家敘述，似乎希望做到與一般母親能為孩子付出的事情，例如：幫他準備晚餐、給他零用錢等，也沒有對孩子做出不合理的事情。）

(2) 家家的媽媽患有躁鬱症，平日未與孩子同住（已搬離學校附近，現居住地必須通車一個半小時），但會每天與孩子通電話，對孩子有補償心態。週末與孩子同住期間，似乎都會與媽媽的同居人帶孩子上餐廳吃飯。學校或是課程上有需要的東西，媽媽會在週末盡可能地幫家家準備，因此家家認為母親這方很辛苦地在照顧他，對他比較好，曾經不只一次詢問導師及輔導老師要怎麼更換父母的監護權。

(3) 父母幾乎無溝通，據媽媽說，平日時間爸爸不准媽媽到學校附近出現，也不准媽媽代表家家的家長出席，不准媽媽處理學校的事情。

(4) 家家與媽媽的關係中，家家比較強勢，有時家家對媽媽的話語都帶著情緒勒索，若家家媽媽沒有配合，就要自殘、自殺或者不聯絡等。有時家家媽媽會將這樣的情緒轉嫁到他人身上。（曾經在半夜12點打電話五、六通

給導師，電話一講就是一個小時，但講到孩子情緒勒索行為時，經常以自責方式面對，導師難以溝通。）

2. 家家問題成因

(1)家家的人緣不算好，喜歡吸引別人注意，好出風頭，擔任幹部、班會主席都以敲打講臺來吸引同學注意。看到小柏人緣好，會學小柏的偏差行為與口氣，讓小柏不高興。

(2)家家與媽媽的關係緊密，親子間的親密行為也較多，也因此不太懂得與他人之間保持適當距離，與他人講話都靠得很近，喜歡一邊講話、一邊拍打對方肩膀，以示與他人間的親密感。

(3)家家有悲劇性格，遇到事情會先自我否定，經常可以聽到「對，都是我的錯」這樣的口頭禪，然而從語氣之中聽來，只是因為想逃避所以先承認錯誤，認為這一切都是命運造成的，消極的不願面對事情。

三、關鍵問題

1. 家家需要注意夏天體味問題，了解與他人間互動的適當距離，或尋求協助，改善體味問題。

2. 家家希望吸引他人注意的方法，不應以出風頭的方式進行。

3. 家家遇到事情以消極的方式處理，不願面對。

4. 媽媽對家家的補償心態，遇到孩子的問題時也經常說起自己的無力與自責；面對家家的情緒勒索，導師經常難以繼續溝通下去。

5. 希望有監護權的爸爸也應該要知道此事，但需要有溝通技巧，讓父母雙方了解到兩方都必須了解孩子學校的狀況。

6. 學校間同學找學長喬事情的不良行為，應予以提醒修正。

案例回饋

回饋 (一)

這位教師應是相當獲得家長的信任，所以家長會將其婚姻中的問題向其傾訴；學校生教組長得知疑似學生糾紛事件，願意積極處理，值得肯定。在

面對班級經營與類似事件時，提供下列建議作為參考：

1. 家家的問題應讓其父親了解

案例中敘述的多為母親和教師的接觸經驗，雖然感覺上母親對於家家比較關心，而母親也向教師表達不希望家家父親知道事件的發生。但是畢竟家家與父親同住，理應讓他知道家家在學校所發生的事情。只是教師在溝通的過程中用語要小心，適切表達希望透過親師合作，一起協助家家有更好的學習適應。

2. 家家體味問題應尋求專業協助

家家的體味問題不僅容易造成旁人的困擾，影響人際關係，也可能代表其身體狀況有某些問題，故應建議家長帶家家尋求醫療或其他專業協助，以改善體味問題。而體味問題的改善，也有助於增進其人際關係。

3. 人際交流時保持適當距離是學生要學習的課題

人際交流時，身體的接觸是一大學問，必須考量彼此的性別、意願、感受和關係。尤其當學生年紀漸長，其分際的把握更形重要。這不僅是家家的問題，也是國中學生共同會面臨的問題。教師可考量將人際溝通或交流時的身體距離，甚至肢體動作等，納入班會課的討論議題，讓學生重視此問題，並討論合宜的表達方式。

4. 教師應告知學生糾紛處理宜尋求教師協助，避免私下處理

青春期的學生基於同儕關係，發生糾紛時喜歡私下自行處理，有時可能可以順利解決，但有時可能擴大問題，甚至釀成霸凌事件等重大糾紛。因此教師在輔導學生的過程中，要建立當無力處理糾紛時，要尋求教師協助的觀念，這樣的觀念不僅是當事人要具備，若當事人不願意求助時，同儕間發現問題也應適時代替當事人向教師求助。

5. 輔導家家要體諒父母處境，敞開心胸接受繼父、繼母的愛

父母的離異不免會為子女的心理帶來衝擊與不平，但父母面對婚姻常有其難處，選擇分開常常也是不得已。家家的父母離異且各自另組家庭已是事實，教師應輔導家家接受這樣的現況，何況不管是繼父或繼母也都對家家釋出善意，願意對他付出關心。家家也是國中生了，應懂得適切體諒父母的難

處，同時接納繼父、繼母對他的善意。換個角度來看，關心他的人除了親生父母外，還比別人多兩位，這又何嘗不是一種幸福。

6. 對家家父母的婚姻問題扮演被動聆聽角色即可

案例中的教師似乎和家家母親保持著密切的聯繫，聯繫過程中母親可能會不禁的談論到和家家父親婚姻中的不愉快。但家家父母兩人已離婚且各自生活，除非雙方作為有可能讓家家受到傷害，否則教師應扮演被動聆聽的角色，切勿涉入學生家庭事務。

回饋（二）

面對學生的家庭問題，導師的首要工作還是要先輔導孩子的偏差行為。以下幾項建議提供參考：

1. 家家夏天的體味很重，以致影響他在學校的人際關係。導師可以建議他到健康中心請護理師指導衛教常識，了解有哪些改善體味的方式；甚至可以至醫院門診治療。

2. 導師應輔導家家與人相處的基本分際，更應讓他了解校園性騷擾的定義及涵蓋範圍的廣泛，例如：與人談話時，未經他人同意而故意觸碰對方的肢體，讓其感到不受尊重及不舒服時，就是肢體上性騷擾（physical harassment）的行為。所以在和別人說話時不可以靠得太近，更不可以一邊講話、一邊拍打對方的肩膀以示親密，這些都是不當的行為，甚至有觸法之虞。

3. 當自己在學校與人發生衝突時，立即報告師長是最明智的做法。國中生常有喜歡找學長來喬事情的不良行為，由於同樣都是青少年，所知所學有限，身心成熟度不足，以致事情常弄巧成拙、愈演愈烈，最後還是要勞煩師長來收拾殘局，得不償失。因此，導師在班級經營實務上，必須隨時耳提面命，加強學生面對問題及處理問題的正確態度。

4. 家家若能積極努力改善自己的行為，將會漸漸對自己產生信心，更能分辨是非。做錯就道歉改進，做對則據理說明，不必為迎合別人而委屈自己，並用哀兵之計來解決問題，因為命運掌握在自己手中。只要認知正確，

逐漸調整心態，導師又能從旁耐心的關注與引導，不信春風喚不回。

5. 家家父母離異，目前與父親同住，因父親有家暴行為，家家害怕但又渴望父親對他好，所以導師一方面要規勸並輔導家家導正偏差行為，一方面在家庭聯絡簿上要讚美家家的良好行為，如此將有利於化解親子緊張關係。家家的母親有躁鬱症，只有假日才與家家見面，為避免家家強勢的情緒勒索，導師應該多開導家家，體諒母親的身心狀況，避免過度刺激母親。子女對父母的孝親之道天經地義，多修養自己並善待他人，才有更美好的未來。

6. 親師溝通技巧是教師職涯中，不斷要積極學習成長的課題。除了平時與全班家長保持良好的親師關係外，面對家長情緒失控與舉措失當時，導師宜避免獨立面對難題。建議邀請學校輔導人員、諮商師或社工師等人協助處理，共同解決問題。

父母是孩子生命中的第一位老師，原生家庭常常是影響孩子身心靈發展的重要因素。當學生家庭失衡時，導師在處理問題的專業能力上，往往感覺捉襟見肘、顧此失彼。因此，建議學校各處室能適時介入，提供多元的資源與支援。甚至增加辦理輔導知能研習的次數，除一般演講式的專題講座外，也可以舉辦一些案例的探討，增加導師輔導學生的實務知能與經驗，減少學生的偏差行為，提高品德涵養，更有利於整體教育品質的優化，進而卓越。

案例 5-6

總是在家尋寶的中輟少女

關鍵詞：親師溝通、親子關係、中輟

一、夥伴教師的情境敘述

在學校老師的眼裡，文靜是個非常沉默寡言的國一女孩，眼神憂鬱，充滿心事。她時常未到校，也沒有完成請假程序，因此引發導師的關切。

導師看過文靜的基本資料，發現她的母親是新移民，不確定是否已和父親離婚，但確知的是已與父親分居，也沒有與孩子聯絡。導師曾經打電話給文靜的父親，發現孩子的父親是雜貨店的老闆，但因為缺乏經濟與文化資本（例如：雜貨店生意不佳，所賺的錢十分有限；無法透過言語完整表達自己的想法，總是用指責的姿態，損害孩子的自尊），也有情緒不穩定的狀況（會口出惡言大罵文靜），看在老師眼裡，教養孩子的方式大有問題。

看到文靜的狀況，導師相當不捨，希望能夠提供文靜相關協助，但首先遇到的困難卻是文靜不願意踏出家門來學校上課。

令人矛盾的是，導師感受得到文靜的父親並非不關心孩子，但卻沒辦法提供正向的管教，而且也經常擺出放棄姿態，頻頻和老師說孩子沒有用，怎麼罵也罵不聽，最後也就放手不管了。文靜的父親不僅開始放任孩子待在家中，有時他會到處閒晃，出門可能就是一個上午。他不會特別準備女兒的早餐，所以導師曾經看到孩子自己開瓦斯爐煮泡麵吃。導師雖然非常希望聯合文靜的父親，想辦法讓文靜能夠到校上課，也希望她儘量能夠三餐正常，但文靜的父親依然沒辦法約束孩子，提供孩子基本的生活所需，到最後總是得要導師親自前往雜貨店，強行帶孩子出門，或是私下到合作社買麵包給她裹

腹。然而，即使導師如此介入，文靜只要聽到導師要求她去學校，甚至聽到導師停放機車的聲響，仍經常會崩潰大哭，不讓導師帶她走，結果經常不了了之。

另外，導師同時也注意到，孩子偶爾會「主動」到校，但眼眶總是非常紅潤，推敲孩子到校前應與父親有過爭執。然而，某次導師發現，接送孩子到校的，是一位講臺語的中年婦女。經過導師了解，才知道這位女性原來是文靜的鄰居，她會熱心地載孩子上下課，也會準備麵包給文靜吃。但文靜依然無動於衷，甚至只要鄰居阿姨想要帶她上課，便會有所反抗。

導師由於課務繁忙，無法每天利用空堂來到孩子家中輔導她，而且她的鄰居阿姨也不可能扮演親職角色，提供完整的家庭功能。再加上先前的負面經驗，讓導師猶豫到底該不該每次都親自前往孩子家中。先前多次經驗顯示，每次到文靜家中（雜貨店）時，文靜的父親都會當著孩子的面，數落孩子的不是，而且語多不雅，孩子聽到這些難聽話，有時候就默默流淚。

導師到後來也不曉得該如何是好，決定向輔導處求助，專輔老師開始介入，也試圖前往孩子家中與父親溝通，但依舊未果。況且，即使是專輔老師，也同樣有繁重的個案問題要處理，到最後學校便請兩位替代役（具有教師證的中輟輔導專長役男）協同輔導。

兩位役男接到這個個案，開始經常性地前往孩子家中，試圖了解詳細狀況。有一次，役男們注意到文靜手上抱著一隻熊娃娃，便開始和她閒聊，得知這隻熊娃娃是文靜奶奶生前送她的。原來，文靜奶奶是她最重要的親人，也是情感依附最緊密的對象，但在幾個月前，奶奶往生了。對文靜而言，她在這世上最珍惜的重要他人永遠離開了她的身旁，無疑是一次重大的打擊。年紀輕輕的文靜，承受了如此巨大的失親傷痛，無法處理與面對難過和失落，於是開始每天都待在家裡，不願意踏出家門一步。文靜每天都待在已故奶奶的房裡，到處尋找奶奶遺留下來的遺物，然後緊盯著這些熟悉的事物。文靜說，這是她每天必定會從事的「尋寶」活動。只是，這些寶物卻總是不經意地刺傷了孩子的心，在在提醒自己，自己最珍視的家人已經不在人世，已永遠不會陪伴在自己的身邊。役男認為，這或許是孩子不願離家上學的原因，因為孩子不願離開自己心愛的奶奶，只要待在家中，看著奶奶的遺物，

或許奶奶也會在旁邊陪伴著自己吧！

役男們掌握以上線索後告知學校，學校考慮到孩子與役男逐漸發展信任關係，於是繼續委請役男輔導、追蹤孩子的狀況，並定期向學校回報。役男持續鼓勵文靜，告訴她，在天之靈的奶奶看到文靜如此深愛著奶奶，一定會很感動，也會心疼不捨。兩位役男試著透過奶奶的口吻和文靜對話，慢慢地改變孩子的狀態。

接著，又更進一步得知，原來文靜就讀的是音樂班，但她不喜歡演奏樂器，而且也和班上幾個同學相處得並不融洽，這些也是文靜不願意去上課的原因。役男們向學校回報這些資訊，學校經過多次評估，也決定讓孩子透過轉班的方式，試圖改善文靜抗拒上學的情況。

二、關鍵人物相關背景描述

1. 關鍵人物簡介

(1) 文靜：體型比同年紀的女生嬌小，個性沉默寡言，眼神充滿心事，遇到問題經常哭泣。學業表現不佳，屬於中輟生（已通報）。

(2) 文靜母親：新移民，不詳。

(3) 文靜父親：年紀很大（目測約50～60歲），身高約165公分，體態瘦小，不擅言語，發音不清晰，加上有著極重的口音，經常讓外人無法聽懂內容，也無法用口語完整表達自己的想法。

(4) 學校導師：中年女性，語文領域教師，相當關心學生，導師班為音樂班。

(5) 專輔教師：年約30歲，女性，曾多次前往文靜家中。

(6) 中輟輔導專長替代役：皆畢業於師大體系，有合格教師證。

2. 學校背景

屬於社區型的公立完全中學，社區居民多屬勞工階層，人口老化問題較為明顯。輔導處功能正常，但學務處問題重重，功能不彰，經常透過強烈指責學生的方式處理學生問題，成效非常不佳。這兩個處室之間的配合度非常低。

三、關鍵問題

希望文靜能夠按時到校，解決中輟問題。若行有餘力，也希望能夠協助改善其家庭功能。

案例回饋

回饋 (一)

案主的導師應是一位相當有愛心的老師，願意關心案主的生活，甚至會到家裡帶她到校上課。以下針對輔導的過程，提供幾點建議供參考：

1. 案主不想上學的原因恐為學習適應，家庭問題似非主因

案例的敘述一開始著重於家庭問題的描述，似乎認為家庭是其不願上學主要因素，但值得思考的是，為何家庭生活不愉快，案主還願意待在家中？是否學校裡面有比家庭生活更不愉快的原因存在，讓案主退而求其次，寧可待在家中？此外，替代役男後來也發現，案主不喜歡就讀音樂班，在班上人際關係不佳，且不喜歡樂器演奏課程，這些是否才是案主不喜歡上學的真正原因？要讓案主正常上學，必須要找到其不願上學的原因，但一開始似乎都將其歸咎於家庭因素，但就案例後半部的描述猜測，就讀班級的學習適應可能才是關鍵。

2. 由役男扮演輔導角色似有不妥，應回歸學校的專業輔導人員

案例描述的後半部，學校商請兩位替代役男協助輔導任務。雖然兩位替代役男具有師資培育和輔導之背景與證照，也深具愛心，但其所擔任的工作為「替代役」，並非輔導教師，其合宜性值得考量。另外，年輕的替代役男有愛心、又有專業知識，很容易引起女學生的崇拜，進而產生移情作用，實在不得不慎。因此，學生的輔導工作不宜由替代役男擔任，應回歸學校的專業輔導教師。

3. 案主自行烹煮泡麵為生活自理的表現

案主的母親不在家中，父親年近60歲，獨自經營雜貨店，其面對的生活與經濟壓力可想而見，無法對案主提供完善的生活照應也能理解。案主已是國中生應逐漸學會基本的生活自理，不僅是學習獨立，也是減輕年邁父親的

負擔。所以案主早餐自行烹煮泡麵，應視為是一種學習生活自理的表現，不宜將其視為家庭無法發揮照顧功能的象徵。

4. 家家有本難唸的經，不要期許所有父母都能扮演完美角色

家庭功能的維持，每位成員都有責任。但是家庭的維持很不容易，完美的家庭其實是少數，每個家庭都有許多難處需要面對。擔任教師者往往來自於幸福家庭，難以想像許多家庭的父母在維持生計上所面臨的壓力與困難，容易將學生的問題都歸因於家庭因素。若能適切帶領學生探討家庭的功能、成員角色，以及家庭的維繫等，讓學生體認到自己也有責任維持家庭，對於學生面對各自家庭的難題應更有意義。

5. 輔導室可以提供家長正向管教相關訊息

案主的父親經濟應不寬裕，但是仍然願意讓案主就讀音樂班，顯現其仍關心子女。可能是因為世代的隔閡、生活和經濟上的壓力，無法扮演教師心目中理想的親職角色。學校和教師應體諒家長的難處，適時地提供親職的相關訊息供其參考，或者在家長表達需要時適時伸出援手，勿僅以「應該……」或「不應該……」的角度看待家長的親職表現。

回饋 (二)

班上出現中輟生，導師的負擔增加，壓力變大，這是可想而知的。文靜的原生家庭狀況似乎已不可逆，因此建議將輔導對象聚焦在文靜身上，而她中輟不願到校的可能原因與解決策略，分別敘述如下：

1. 文靜的父親缺乏經濟與文化資本，情緒不穩又常口出惡言，無法發揮正向的管教功能，更不顧孩子的三餐，最後甚至放手不管，這種現象已近似兒虐，而《家庭教育法》是第一道防線。這部法律希望透過經評估而有家庭教育需求者，得轉介推展到家庭教育之機關、機構、學校、法人及團體，提供其相關家庭教育課程、諮商或輔導等服務。雖然導師和鄰居阿姨會偶爾提供食物讓文靜溫飽，但非長久之計，更無法取代完整的家庭功能。而導師是學校輔導工作三級預防的初級預防者，應即時通報學校相關單位，開啟教訓輔三合一的輔導機制；甚至可請社工人員介入處理，讓文靜可以早日回到

學校安心上課。文靜的導師雖然求助於專任輔導教師，但並沒有發揮應有之功能，最後學校才會轉而請兩位替代役輔導中輟的文靜。

2. 兩位有中輟輔導專長的替代役男前往文靜家了解詳情之後，知道她正承受巨大的失親傷痛，每天在家尋找奶奶的遺物，以解思念之苦，於是積極輔導她走出傷痛，並逐步建立信任關係。但文靜是國中一年級的女孩，替代役男畢竟役期有限，不可能長期介入，離開之後是否對文靜造成更大的傷害？這些分際的拿捏與情感的轉移等問題，學校應該提早考量及預防。

3. 文靜不願到校的原因除了家庭問題外，她在學校唸音樂班，但不喜歡演奏樂器，與同學相處不融洽等，這才是造成文靜中輟的最大可能原因。但這些都是從替代役回報的資訊中得知，顯見導師的功能似乎沒有完全發揮。

4. 導師在班級經營方面，應加強對個別學生的認識與輔導，適性方能揚才。文靜才國一，為何在沒有興趣的情況下去唸音樂班？學校的招生是否產生問題？除了文靜之外，班級中是否還有其他對音樂沒興趣的同學？導師應注意班上孩子的心性發展及生涯規劃，並透過各領域學科的學習，進行探究與實作，讓學生得以潛能開發、適性揚才、終身學習。

5. 處理學生中輟問題，學校的學務處與輔導室最為重要，輔導室雖然功能正常，但學務處卻問題重重，功能不彰，成效不佳，以致兩個處室配合度極低。此時校長應展現智慧，勇敢承擔，發揮最高的影響力，督導學務處各項業務的進展，甚至召開跨處室的行政會議，主導中輟生業務的執行。

當學校出現像文靜那樣的中輟生時，除了找到中輟的原因並設法解決之外，學校的支持系統一定要發揮應有功能，幫助每一位中輟生，把他們帶回來、帶上來、帶好來，這不僅只是導師的責任，全校教師更是責無旁貸。而校長身為首席教師，應發揮領導力，找回每一位中輟生，讓學校各項校務得以順利的進行。

附錄一

平時輔導紀錄表範例

平時輔導紀錄表

夥伴教師姓名：_____ 夥伴教師任教年級／學科：_____ 年級／

教學輔導教師姓名：_____ 教學輔導教師任教年級／學科：_____ 年級／

會談日期：___ 年 ___ 月 ___ 日

一、輔導方式或重點：（可複選）

☐1.環境脈絡認識　☐2.班級經營　☐3.親師溝通　☐4.課程與教學設計
☐5.教學觀察與會談　☐6.教學省思　☐7.專業成長　☐8.學習成果分析
☐9.個案討論　☐10.教學檔案製作　☐11.教學行動研究　☐12.教學示範
☐13.教材教法　☐14.共同備課　☐15.其他 _____

二、紀錄：

夥伴教師優勢與肯定 （第一步驟，讓夥伴教師先找到自己成功之處，肯定自己）	夥伴教師關注焦點與挑戰 （會談的主要核心，試著找出夥伴教師目前遇到的困難和挑戰）
夥伴教師省思與下一步行動 （邀請夥伴教師釐清問題，提出可執行的行動方案）	教學輔導教師回饋與下一步行動 （教學輔導教師針對夥伴教師的方案提出回饋，協助夥伴教師發展短期能達成的目標和行動）

下次會談日期：___ 年 ___ 月 ___ 日
下次會談預定主題：_____

教師專業發展規準：請選出本次會談對應之規準，可複選（本規準參考教育部1050422修正之教師專業發展評鑑規準）

☐A-1-1、☐A-1-2、☐A-2-1、☐A-2-2、☐A-2-3、☐A-2-4

☐A-3-1、☐A-3-2、☐A-3-3、☐A-4-1、☐A-4-2、☐A-4-3、☐A-4-4

☐B-1-1、☐B-1-2、☐B-2-1、☐B-2-2、☐B-3-1、☐B-3-2、☐B-4-1、☐B-4-2

平時輔導紀錄表（國小範例1-1）

夥伴教師姓名：＿＿○○○＿＿夥伴教師任教年級／學科：四五六年級／藝術與人文

教學輔導教師姓名：○○○教學輔導教師任教年級／學科：三年級／藝術與人文

會談日期：106年 11 月 14 日

一、輔導方式或重點：（可複選）

☐1.環境脈絡認識　■2.班級經營　☐3.親師溝通　☐4.課程與教學設計

☐5.教學觀察與會談　☐6.教學省思　☐7.專業成長　☐8.學習成果分析

☐9.個案討論　☐10.教學檔案製作　☐11.教學行動研究　☐12.教學示範

☐13.教材教法　■14.共同備課　☐15.其他＿＿＿＿＿＿＿＿＿

二、紀錄：

夥伴教師優勢與肯定	夥伴教師關注焦點與挑戰
夥伴教師是今年經由甄試，考進本校的同仁。在試教「立體公仔」課程的時候，展現清晰的口語表達能力與明確的教學步驟，同時利用教具的展示讓學生能更容易了解公仔的製作流程，可以看出夥伴教師對教學內容的掌握與教學熱忱。 此外，夥伴教師面對教學問題勇於向同儕請益，其開放的態度與求知精神也是非常可貴的人格特質。	過去夥伴教師的教學經驗多是在畫室指導學生作畫，因此學生較為乖巧不易在課堂上講話。但是目前在班級教學中面對的學生更多元，處理學生的秩序問題及建立班級常規是夥伴教師目前面臨的挑戰。 另一方面，在大班級的教學中如何運用教學方法減少學生的操作錯誤，並且運用學習策略提升學生的學習成效，也是夥伴教師欲努力的方向。
夥伴教師省思與下一步行動	教學輔導教師回饋與下一步行動
夥伴教師向教學輔導教師詢問，如果班上有愛說話的學生要如何處理。經由輔導教師的分享後，夥伴教師了解到針對不同的學生類型，可利用加深	教學輔導教師針對夥伴教師詢問學生上課說話的問題，提出回饋：先了解學生說話的原因是覺得學習內容太簡單，還是急於向同學分享，抑或習慣

課程挑戰性，說明班級規範並利用獎懲制度與學生同儕力量，來改善學生愛說話的行為。

由於夥伴教師尚未開始進行校慶立體飛機吊飾的教學，因此在觀看完教學輔導教師的示範作品之後，夥伴教師表示會回家再蒐集資料並製作教具，以進行下週的教學。對於教學輔導教師分享的分組策略也有了初步的概念，了解到藉由分組學習的力量可以幫忙中成就的學生，也讓老師更有時間指導低成就學生的補救教學。

和同學聊天，再依原因進行教學指導與行為規範。

此外，因為各班目前在進行校慶藝文比賽的作品製作，所以教學輔導教師也帶了自己製作的立體飛機吊飾示範作品以及引起動機的繪本與夥伴教師分享。同時也介紹班級的分組方式與組長制度，說明如何請組長、副組長協助檢查操作步驟，運用小組機制互助學習，提升班級學習成效。

教師專業發展規準：請選出本次會談對應之規準，可複選（本規準為教育部1050422修正之教師專業發展評鑑規準）

☐A-1-1 參照課程綱要與學生特質明訂教學目標，並研擬課程與教學計畫或個別化教育計畫（IEP）。

■A-1-2 依據教學目標與學生需求，選編適合之教材。

☐A-2-1 有效連結學生的新舊知能或生活經驗，引發與維持學生學習動機。

☐A-2-2 清晰呈現教材內容，協助學生習得重要概念、原則或技能。

☐A-2-3 提供適當的練習或活動，以理解或熟練學習內容。

☐A-2-4 完成每個學習活動後，適時歸納或總結學習重點。

☐A-3-1 運用適切的教學方法，引導學生思考、討論或實作。

☐A-3-2 教學活動中能融入學習策略的指導。

☐A-3-3 運用口語、非口語、教室走動等溝通技巧，幫助學生學習。

☐A-4-1 運用多元評量方式，評估學生學習成效。

☐A-4-2 分析評量結果，適時提供學生適切的學習回饋。

☐A-4-3 根據評量結果，調整教學。

☐A-4-4 運用評量結果，規劃實施充實或補強性課程。

■B-1-1 建立有助於學生學習的課堂規範。

☐B-1-2 適切引導或回應學生的行為表現。

■B-2-1 安排適切的教學環境與設施，促進師生互動與學生學習。

☐B-2-2 營造溫暖的學習氣氛，促進師生之間的合作關係。

□B-3-1 建立並分析學生輔導的相關資料，了解學生差異。

□B-3-2 運用學生輔導的相關資料，有效引導學生適性發展。

□B-4-1 運用多元溝通方式，向家長說明教學、評量與班級經營理念及做法。

□B-4-2 通知家長有關學生在校學習、生活及其他表現情形，促進家長共同關心和協助學生學習與發展。

平時輔導紀錄表（國小範例1-2）

夥伴教師姓名：　○○○　夥伴教師任教年級／學科：四五六年級／藝術與人文
教學輔導教師姓名：○○○教學輔導教師任教年級／學科：三年級／藝術與人文
會談日期：107年 03 月 06 日

一、輔導方式或重點：（可複選）

☐1.環境脈絡認識　☐2.班級經營　☐3.親師溝通　■4.課程與教學設計
☐5.教學觀察與會談　☐6.教學省思　☐7.專業成長　☐8.學習成果分析
☐9.個案討論　☐10.教學檔案製作　☐11.教學行動研究　☐12.教學示範
☐13.教材教法　■14.共同備課　☐15.其他＿＿＿＿＿＿＿＿＿＿＿＿＿

二、紀錄：

夥伴教師優勢與肯定	夥伴教師關注焦點與挑戰
夥伴教師平時教學流程明確，並且班級經營良好，與同儕相處十分謙虛並樂於協助跨領域教學的計畫。 此次五年級的英語老師進行「季節的喜悅」復活節的跨領域教學活動，希望藝術與人文的指導老師能協助進行彩蛋的教學，夥伴教師也將此自編課程列入教學中，與英語教師合作進行跨領域的課程教學。	夥伴教師過去沒有進行過類似課程，因此對此次教學的內容比較沒有概念。想去買食用色素自己試做一次彩蛋，作為示範作品。同時夥伴教師對彩蛋製作的課程如何和英文課結合，也還沒有概念。
夥伴教師省思與下一步行動	教學輔導教師回饋與下一步行動
夥伴教師了解課程的設計理念與彩蛋製作的流程後，決定回去先練習做一顆彩蛋，然後再和輔導教師分享自己的發現。 夥伴教師與輔導教師在討論中發現，	輔導教師先分享自己去年製作彩蛋的經驗，以及此堂課的課程設計如何融入英語教學，並且將自己實作與修正過的教學簡報和夥伴教師分享。 輔導教師提醒夥伴教師教學時數的

去年的課程是將彩蛋放入食用色素的溶液中進行染色，但是染色效果不是很理想，這次課程進行可以改成每個學生準備一個調色盤，老師將所需的色素滴到調色盤中，學生再自行混色及染色。	分配，以及學生在繪製學習單和實作時容易發生的問題，並提供相關的材料讓夥伴教師可以回去先試做一顆彩蛋。 輔導教師也會事先協調廚房協助煮白煮蛋，以利夥伴教師及同學年其他導師彩蛋課程的順利進行。

教師專業發展規準：請選出本次會談對應之規準，可複選（本規準為教育部 1050422修正之教師專業發展評鑑規準）

☐A-1-1 參照課程綱要與學生特質明訂教學目標，並研擬課程與教學計畫或個別化教育計畫（IEP）。

■A-1-2 依據教學目標與學生需求，選編適合之教材。

☐A-2-1 有效連結學生的新舊知能或生活經驗，引發與維持學生學習動機。

☐A-2-2 清晰呈現教材內容，協助學生習得重要概念、原則或技能。

☐A-2-3 提供適當的練習或活動，以理解或熟練學習內容。

☐A-2-4 完成每個學習活動後，適時歸納或總結學習重點。

☐A-3-1 運用適切的教學方法，引導學生思考、討論或實作。

☐A-3-2 教學活動中能融入學習策略的指導。

☐A-3-3 運用口語、非口語、教室走動等溝通技巧，幫助學生學習。

☐A-4-1 運用多元評量方式，評估學生學習成效。

☐A-4-2 分析評量結果，適時提供學生適切的學習回饋。

☐A-4-3 根據評量結果，調整教學。

☐A-4-4 運用評量結果，規劃實施充實或補強性課程。

■B-1-1 建立有助於學生學習的課堂規範。

☐B-1-2 適切引導或回應學生的行為表現。

■B-2-1 安排適切的教學環境與設施，促進師生互動與學生學習。

☐B-2-2 營造溫暖的學習氣氛，促進師生之間的合作關係。

☐B-3-1 建立並分析學生輔導的相關資料，了解學生差異。

☐B-3-2 運用學生輔導的相關資料，有效引導學生適性發展。

☐B-4-1 運用多元溝通方式，向家長說明教學、評量與班級經營理念及做法。

☐B-4-2 通知家長有關學生在校學習、生活及其他表現情形，促進家長共同關心和協助學生學習與發展。

平時輔導紀錄表（國小範例2-1）

夥伴教師姓名：　○○○　夥伴教師任教年級／學科：四年級／國語
教學輔導教師姓名：○○○教學輔導教師任教年級／學科：四年級／國語
會談日期：107年 03 月 01 日

一、輔導方式或重點：（可複選）

□1.環境脈絡認識　■2.班級經營　■3.親師溝通　□4.課程與教學設計
□5.教學觀察與會談　□6.教學省思　■7.專業成長　□8.學習成果分析
□9.個案討論　□10.教學檔案製作　□11.教學行動研究　□12.教學示範
□13.教材教法　□14.共同備課　□15.其他 _____

二、紀錄：

夥伴教師優勢與肯定	夥伴教師關注焦點與挑戰
1.擔任中年級老師已達五年，對該年段的課程與學生特質，已有一定程度的了解。 2.班級經營認真、有責任感，用心照顧班上每一位學生，親師溝通互動良好。	1.利用各種管道分享班級、學校活動，讓家長更加了解學生的學習情形。 2.面對學生個別問題，能有效溝通以解決問題。 3.面對個別家長的需求與期待，能做出適當回應。
夥伴教師省思與下一步行動	**教學輔導教師回饋與下一步行動**
1.了解學年其他老師和輔導教師，班級經營與親師溝通的經驗和方法。 2.了解親師生溝通時，可以運用的方法與技巧。	1.請學年老師分享親師溝通的經驗。 2.輔導教師分享班級使用Line群組的情形，並針對可能遇到的問題提出解決方法。 3.共同練習「薩提爾的對話練習」，提升親師生溝通的專業知能。

教師專業發展規準：請選出本次會談對應之規準，可複選（本規準為教育部1050422修正之教師專業發展評鑑規準）

☐A-1-1 參照課程綱要與學生特質明訂教學目標，並研擬課程與教學計畫或個別化教育計畫（IEP）。

☐A-1-2 依據教學目標與學生需求，選編適合之教材。

☐A-2-1 有效連結學生的新舊知能或生活經驗，引發與維持學生學習動機。

☐A-2-2 清晰呈現教材內容，協助學生習得重要概念、原則或技能。

☐A-2-3 提供適當的練習或活動，以理解或熟練學習內容。

☐A-2-4 完成每個學習活動後，適時歸納或總結學習重點。

☐A-3-1 運用適切的教學方法，引導學生思考、討論或實作。

☐A-3-2 教學活動中能融入學習策略的指導。

☐A-3-3 運用口語、非口語、教室走動等溝通技巧，幫助學生學習。

☐A-4-1 運用多元評量方式，評估學生學習成效。

☐A-4-2 分析評量結果，適時提供學生適切的學習回饋。

☐A-4-3 根據評量結果，調整教學。

☐A-4-4 運用評量結果，規劃實施充實或補強性課程。

☐B-1-1 建立有助於學生學習的課堂規範。

■B-1-2 適切引導或回應學生的行為表現。

☐B-2-1 安排適切的教學環境與設施，促進師生互動與學生學習。

■B-2-2 營造溫暖的學習氣氛，促進師生之間的合作關係。

■B-3-1 建立並分析學生輔導的相關資料，了解學生差異。

☐B-3-2 運用學生輔導的相關資料，有效引導學生適性發展。

■B-4-1 運用多元溝通方式，向家長說明教學、評量與班級經營理念及做法。

■B-4-2 通知家長有關學生在校學習、生活及其他表現情形，促進家長共同關心和協助學生學習與發展。

平時輔導紀錄表（國小範例2-2）

夥伴教師姓名：○○○ 夥伴教師任教年級／學科：四年級／國語

教學輔導教師姓名：○○○教學輔導教師任教年級／學科：四年級／國語

會談日期：107年 05 月 01 日

一、輔導方式或重點：（可複選）

☐1.環境脈絡認識 ☐2.班級經營 ☐3.親師溝通 ■4.課程與教學設計
☐5.教學觀察與會談 ☐6.教學省思 ☐7.專業成長 ☐8.學習成果分析
☐9.個案討論 ☐10.教學檔案製作 ☐11.教學行動研究 ☐12.教學示範
■13.教材教法 ■14.共同備課 ☐15.其他＿＿＿＿＿＿＿＿

二、紀錄：

夥伴教師優勢與肯定	夥伴教師關注焦點與挑戰
1. 對中年級教材內容已有一定程度的了解，並能掌握學生的新舊知能與生活經驗。 2. 會與同學年老師討論教材內容法。 3. 對教學工作充滿熱忱，願意學習新的方法，提升自己的教學技巧。	1. 如何運用學習策略，提升全班閱讀理解能力。 2. 如何幫助學生，提升學習動機且更有效率的學習。
夥伴教師省思與下一步行動	**教學輔導教師回饋與下一步行動**
1. 研讀有關閱讀理解策略的相關書籍或參加相關的研習活動。 2. 透過共同備課，了解教學輔導教師在課堂上，運用閱讀理解策略的方法與經驗。	1. 推薦有關閱讀理解的書籍與網站，供夥伴教師參考。 2. 透過共同備課，設計適合全班的學習活動，藉以活化教學並能達成有效教學。

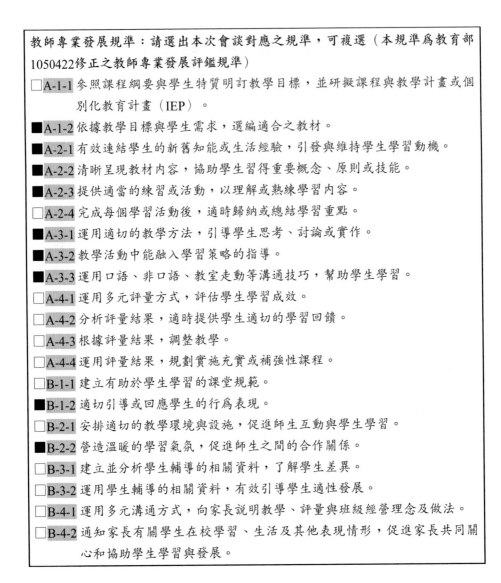

教師專業發展規準：請選出本次會談對應之規準，可複選（本規準為教育部1050422修正之教師專業發展評鑑規準）

☐A-1-1 參照課程綱要與學生特質明訂教學目標，並研擬課程與教學計畫或個別化教育計畫（IEP）。

■A-1-2 依據教學目標與學生需求，選編適合之教材。

■A-2-1 有效連結學生的新舊知能或生活經驗，引發與維持學生學習動機。

■A-2-2 清晰呈現教材內容，協助學生習得重要概念、原則或技能。

■A-2-3 提供適當的練習或活動，以理解或熟練學習內容。

☐A-2-4 完成每個學習活動後，適時歸納或總結學習重點。

■A-3-1 運用適切的教學方法，引導學生思考、討論或實作。

■A-3-2 教學活動中能融入學習策略的指導。

■A-3-3 運用口語、非口語、教室走動等溝通技巧，幫助學生學習。

☐A-4-1 運用多元評量方式，評估學生學習成效。

☐A-4-2 分析評量結果，適時提供學生適切的學習回饋。

☐A-4-3 根據評量結果，調整教學。

☐A-4-4 運用評量結果，規劃實施充實或補強性課程。

☐B-1-1 建立有助於學生學習的課堂規範。

■B-1-2 適切引導或回應學生的行為表現。

☐B-2-1 安排適切的教學環境與設施，促進師生互動與學生學習。

■B-2-2 營造溫暖的學習氣氛，促進師生之間的合作關係。

☐B-3-1 建立並分析學生輔導的相關資料，了解學生差異。

☐B-3-2 運用學生輔導的相關資料，有效引導學生適性發展。

☐B-4-1 運用多元溝通方式，向家長說明教學、評量與班級經營理念及做法。

☐B-4-2 通知家長有關學生在校學習、生活及其他表現情形，促進家長共同關心和協助學生學習與發展。

平時輔導紀錄表（國中範例1-1）

夥伴教師姓名：　○○○　夥伴教師任教年級／學科：七、九年級／地理
教學輔導教師姓名：○○○教學輔導教師任教年級／學科：七、八年級／公民
會談日期：106年 10 月 11 日

一、輔導方式或重點：（可複選）

☐1.環境脈絡認識　☐2.班級經營　☐3.親師溝通　■4.課程與教學設計
☐5.教學觀察與會談　☐6.教學省思　☐7.專業成長　☐8.學習成果分析
☐9.個案討論　☐10.教學檔案製作　☐11.教學行動研究　☐12.教學示範
☐13.教材教法　■14.共同備課　☐15.其他＿＿＿＿＿＿＿

二、紀錄：

夥伴教師優勢與肯定	夥伴教師關注焦點與挑戰
1. 能自主構思教學的目標與流程。 2. 能思考如何運用適當的教學策略融入「多元評量與高層次命題」及「學生閱讀素養與應用表達」議題。 3. 能主動詢問專業知識，如何轉化成學生易懂的概念。	1. 在協同教學時，如何將設計的題目區分成知識、理解、應用、綜合、分析題型。 2. 如何有效達成學生能夠應用與表達的能力。
夥伴教師省思與下一步行動	**教學輔導教師回饋與下一步行動**
1. 先將課文作為文本，設計成不同層次的問題。 2. 設計如何讓小組成員，均有表達機會。	1. 除設計課本知識性問題外，建議運用生活中的照片讓學生分析，如此可更容易了解學生是否能將知識與生活結合並轉化。 2. 建議小組採異質性分組，並將題目加以分類，並適時導入指定某些能力的學生作答，如此回答不會集中於某些學生身上。

教師專業發展規準：請選出本次會談對應之規準，可複選（本規準為教育部1050422修正之教師專業發展評鑑規準）

☐A-1-1 參照課程綱要與學生特質明訂教學目標，並研擬課程與教學計畫或個別化教育計畫（IEP）。

☐A-1-2 依據教學目標與學生需求，選編適合之教材。

☐A-2-1 有效連結學生的新舊知能或生活經驗，引發與維持學生學習動機。

■A-2-2 清晰呈現教材內容，協助學生習得重要概念、原則或技能。

■A-2-3 提供適當的練習或活動，以理解或熟練學習內容。

☐A-2-4 完成每個學習活動後，適時歸納或總結學習重點。

■A-3-1 運用適切的教學方法，引導學生思考、討論或實作。

■A-3-2 教學活動中能融入學習策略的指導。

☐A-3-3 運用口語、非口語、教室走動等溝通技巧，幫助學生學習。

■A-4-1 運用多元評量方式，評估學生學習成效。

☐A-4-2 分析評量結果，適時提供學生適切的學習回饋。

☐A-4-3 根據評量結果，調整教學。

☐A-4-4 運用評量結果，規劃實施充實或補強性課程。

☐B-1-1 建立有助於學生學習的課堂規範。

☐B-1-2 適切引導或回應學生的行為表現。

☐B-2-1 安排適切的教學環境與設施，促進師生互動與學生學習。

☐B-2-2 營造溫暖的學習氣氛，促進師生之間的合作關係。

☐B-3-1 建立並分析學生輔導的相關資料，了解學生差異。

☐B-3-2 運用學生輔導的相關資料，有效引導學生適性發展。

☐B-4-1 運用多元溝通方式，向家長說明教學、評量與班級經營理念及做法。

☐B-4-2 通知家長有關學生在校學習、生活及其他表現情形，促進家長共同關心和協助學生學習與發展。

平時輔導紀錄表（國中範例1-2）

夥伴教師姓名：○○○ 夥伴教師任教年級／學科：七、九年級／地理
教學輔導教師姓名：○○○教學輔導教師任教年級／學科：七、八年級／公民
會談日期：107年 01 月 15 日

一、輔導方式或重點：（可複選）

☐1.環境脈絡認識 ☐2.班級經營 ☐3.親師溝通 ■4.課程與教學設計
☐5.教學觀察與會談 ☐6.教學省思 ☐7.專業成長 ☐8.學習成果分析
☐9.個案討論 ☐10.教學檔案製作 ☐11.教學行動研究 ☐12.教學示範
☐13.教材教法 ■14.共同備課 ☐15.其他 _____

二、紀錄：

夥伴教師優勢與肯定	夥伴教師關注焦點與挑戰
1.能積極詢問課程相關專業知識以彌補自身的不足。 2.能選擇適合學生的教材，作為學習之引起動機。	1.如何在有限教學時間中，濃縮出學生需學會的課堂知識。 2.如何運用不同課堂呈現方式，讓學生進行了解。
夥伴教師省思與下一步行動	教學輔導教師回饋與下一步行動
1.從歷屆段考考題中，歸納出以往必考試題內容。 2.詢問是否有相關書籍，可協助能力的提升。	1.引導思考核心概念的定義，並運用UbD方式找出課程的核心概念。 2.藉由核心概念設計出該課適合的核心問題。 3.由問題開始發想，可呈現什麼樣的課堂設計。 4.分享閱讀書籍：《核心問題：開啟學生理解之門》、《設計優質的課程單元：重理解的設計法指南》。

教師專業發展規準：請選出本次會談對應之規準，可複選（本規準為教育部 1050422修正之教師專業發展評鑑規準）

☐A-1-1 參照課程綱要與學生特質明訂教學目標，並研擬課程與教學計畫或個別化教育計畫（IEP）。

☐A-1-2 依據教學目標與學生需求，選編適合之教材。

☐A-2-1 有效連結學生的新舊知能或生活經驗，引發與維持學生學習動機。

■A-2-2 清晰呈現教材內容，協助學生習得重要概念、原則或技能。

☐A-2-3 提供適當的練習或活動，以理解或熟練學習內容。

☐A-2-4 完成每個學習活動後，適時歸納或總結學習重點。

☐A-3-1 運用適切的教學方法，引導學生思考、討論或實作。

■A-3-2 教學活動中能融入學習策略的指導。

☐A-3-3 運用口語、非口語、教室走動等溝通技巧，幫助學生學習。

☐A-4-1 運用多元評量方式，評估學生學習成效。

☐A-4-2 分析評量結果，適時提供學生適切的學習回饋。

☐A-4-3 根據評量結果，調整教學。

☐A-4-4 運用評量結果，規劃實施充實或補強性課程。

☐B-1-1 建立有助於學生學習的課堂規範。

☐B-1-2 適切引導或回應學生的行為表現。

☐B-2-1 安排適切的教學環境與設施，促進師生互動與學生學習。

☐B-2-2 營造溫暖的學習氣氛，促進師生之間的合作關係。

☐B-3-1 建立並分析學生輔導的相關資料，了解學生差異。

☐B-3-2 運用學生輔導的相關資料，有效引導學生適性發展。

☐B-4-1 運用多元溝通方式，向家長說明教學、評量與班級經營理念及做法。

☐B-4-2 通知家長有關學生在校學習、生活及其他表現情形，促進家長共同關心和協助學生學習與發展。

平時輔導紀錄表（國中範例2-1）

夥伴教師姓名：　○○○　夥伴教師任教年級／學科：九年級／綜合活動家政
教學輔導教師姓名：○○○教學輔導教師任教年級／學科：九年級／綜合活動童軍
會談日期：107年 03 月 29 日

一、輔導方式或重點：（可複選）

☐1.環境脈絡認識　☐2.班級經營　☐3.親師溝通　☐4.課程與教學設計
☐5.教學觀察與會談　☐6.教學省思　☐7.專業成長　■8.學習成果分析
☐9.個案討論　☐10.教學檔案製作　☐11.教學行動研究　☐12.教學示範
☐13.教材教法　☐14.共同備課　■15.其他　　　　共同議課

二、紀錄：

夥伴教師優勢與肯定	夥伴教師關注焦點與挑戰
1. 藉由不同小組在不同觀察時間點的統計結果表示，引起動機十分有效，各組的學生專注程度顯著提升。 2. 整體學生專注程度的比例達71%以上，由此可知在教學過程中，學生都相當認真投入。 3. 透過個別學生的分析結果發現，讓學生動手做可以有助於學習專注力的提升。 4. 運用Hit or miss的方式頗為成功，觀察此歷程的學習專注力顯著提升。	1. 如何有效引起學生的學習動機。 2. 如何讓各組的同學，都可以參與討論。 3. 了解在不同教學流程中，學生學習專注力較低的部分。
夥伴教師省思與下一步行動	教學輔導教師回饋與下一步行動
1. 讓每一位學生都可以動手寫，例如：運用學習單，提高學習動機。 2. 如何運用有趣的教學活動，讓每一	1. 建議可以先讓學生個別動手寫，再由小組內統計，應有助於提升學習動機。

位學生可以認真聽教師講話。 3. 嘗試用不分組的方式，讓學生參與課程。 4. 可以讓學生自己設計菜單，也落實核心素養，讓學生自己省思，教師從旁引導。 5. 是否可以應用學習理論，進一步規劃學習活動。	2. 建議男女混合編組，以有效提升學生學習動機。 3. 因應BMI過程專注力下降，所以此段教學設計以列出公式，並由教師舉例說明即可。

教師專業發展規準：請選出本次會談對應之規準，可複選（本規準爲教育部1050422修正之教師專業發展評鑑規準）

☐A-1-1 參照課程綱要與學生特質明訂教學目標，並研擬課程與教學計畫或個別化教育計畫（IEP）。

☐A-1-2 依據教學目標與學生需求，選編適合之教材。

☐A-2-1 有效連結學生的新舊知能或生活經驗，引發與維持學生學習動機。

☐A-2-2 清晰呈現教材內容，協助學生習得重要概念、原則或技能。

☐A-2-3 提供適當的練習或活動，以理解或熟練學習內容。

☐A-2-4 完成每個學習活動後，適時歸納或總結學習重點。

☐A-3-1 運用適切的教學方法，引導學生思考、討論或實作。

☐A-3-2 教學活動中能融入學習策略的指導。

☐A-3-3 運用口語、非口語、教室走動等溝通技巧，幫助學生學習。

☐A-4-1 運用多元評量方式，評估學生學習成效。

☐A-4-2 分析評量結果，適時提供學生適切的學習回饋。

☐A-4-3 根據評量結果，調整教學。

☐A-4-4 運用評量結果，規劃實施充實或補強性課程。

☐B-1-1 建立有助於學生學習的課堂規範。

☐B-1-2 適切引導或回應學生的行爲表現。

☐B-2-1 安排適切的教學環境與設施，促進師生互動與學生學習。

■B-2-2 營造溫暖的學習氣氛，促進師生之間的合作關係。

☐B-3-1 建立並分析學生輔導的相關資料，了解學生差異。

☐B-3-2 運用學生輔導的相關資料，有效引導學生適性發展。

☐B-4-1 運用多元溝通方式，向家長說明教學、評量與班級經營理念及做法。

☐B-4-2 通知家長有關學生在校學習、生活及其他表現情形，促進家長共同關心和協助學生學習與發展。

平時輔導紀錄表（國中範例2-2）

夥伴教師姓名：　○○○　夥伴教師任教年級／學科：九年級／綜合活動家政

教學輔導教師姓名：○○○教學輔導教師任教年級／學科：九年級／綜合活動童軍

會談日期：107年 05 月 04 日

一、輔導方式或重點：（可複選）

□1.環境脈絡認識　□2.班級經營　□3.親師溝通　□4.課程與教學設計
□5.教學觀察與會談　□6.教學省思　□7.專業成長　■8.學習成果分析
□9.個案討論　□10.教學檔案製作　□11.教學行動研究　□12.教學示範
□13.教材教法　□14.共同備課　■15.其他　　　　共同議課

二、紀錄：

夥伴教師優勢與肯定	夥伴教師關注焦點與挑戰
1. 師生互動融洽，教師的口語十分幽默，例如：瓦斯的聲音、動作的模仿等。 2. 學生專注力普遍良好，學生誤答率低。 3. 行間巡視的過程中，遇到學生填寫學習的盲點（逃生動線），老師會適時對所有學生澄清。 4. 教師思考用抽籤方式，盡可能讓學生平均發言。	1. 如何讓不同性別、區域的學生都可以專注於教學活動當中，讓學生可以與老師互動。 2. 教學流程是否可以達到流暢性，從引起動機、學習單撰寫，到母親節活動，以及歸納最後的學習重點。
夥伴教師省思與下一步行動	教學輔導教師回饋與下一步行動
1. 當初想要以抽籤的方式讓學生發言，就是希望可以有效的管理學生發言的情形，但是沒想到還是有許多學生會主動發言，而且是集中於	1. 對於不同性別、區域學生的發言，可以多鼓勵女同學，以及不同區域同學發言，可下一步再強化發言制度（例如：先舉手再發言）。

特定的某些學生。

2. 自己上課時有時候會陷入自己的習慣中，所以會不停的發問，但是這應該要減少，盡可能讓教師發問後，學生就可以回答。

3. 下一步將朝向建立學生發言規範的習慣開始，養成學生先舉手再發言的規則。

4. 同時，爾後教學流程也可以將不同課程放到最後面的環節處理，例如：母親節活動，應該放到該節課最後，提醒「下週進度」時來處理。

5. 雖然用抽籤，但是剛好有完全沒發言的學生，平常也是很內向，所以關注較弱勢的學生，確實也是平日教學應注意的面向。

2. 建議調整母親節卡片教學的順序，放到最後下一週的時段說明。

3. 建議說明學習單的內容與目的，加強教學流程的連貫性。

4. 需注意是否忽略邊緣地區、弱勢低成就學生的情形。

教師專業發展規準：請選出本次會談對應之規準，可複選（本規準為教育部1050422修正之教師專業發展評鑑規準）

☐ A-1-1 參照課程綱要與學生特質明訂教學目標，並研擬課程與教學計畫或個別化教育計畫（IEP）。

☐ A-1-2 依據教學目標與學生需求，選編適合之教材。

☐ A-2-1 有效連結學生的新舊知能或生活經驗，引發與維持學生學習動機。

☐ A-2-2 清晰呈現教材內容，協助學生習得重要概念、原則或技能。

☐ A-2-3 提供適當的練習或活動，以理解或熟練學習內容。

☐ A-2-4 完成每個學習活動後，適時歸納或總結學習重點。

☐ A-3-1 運用適切的教學方法，引導學生思考、討論或實作。

☐ A-3-2 教學活動中能融入學習策略的指導。

☐ A-3-3 運用口語、非口語、教室走動等溝通技巧，幫助學生學習。

☐ A-4-1 運用多元評量方式，評估學生學習成效。

☐ A-4-2 分析評量結果，適時提供學生適切的學習回饋。

☐ A-4-3 根據評量結果，調整教學。

☐ A-4-4 運用評量結果，規劃實施充實或補強性課程。

■B-1-1 建立有助於學生學習的課堂規範。

□B-1-2 適切引導或回應學生的行為表現。

□B-2-1 安排適切的教學環境與設施,促進師生互動與學生學習。

□B-2-2 營造溫暖的學習氣氛,促進師生之間的合作關係。

□B-3-1 建立並分析學生輔導的相關資料,了解學生差異。

□B-3-2 運用學生輔導的相關資料,有效引導學生適性發展。

□B-4-1 運用多元溝通方式,向家長說明教學、評量與班級經營理念及做法。

□B-4-2 通知家長有關學生在校學習、生活及其他表現情形,促進家長共同關心和協助學生學習與發展。

平時輔導紀錄表（高中範例1-1）

夥伴教師姓名：　○○○　夥伴教師任教年級／學科：二年級／地理
教學輔導教師姓名：○○○教學輔導教師任教年級／學科：二年級／歷史
會談日期：106年 09 月 15 日

一、輔導方式或重點：（可複選）

☐1.環境脈絡認識　☐2.班級經營　☐3.親師溝通　■4.課程與教學設計
☐5.教學觀察與會談　☐6.教學省思　☐7.專業成長　☐8.學習成果分析
☐9.個案討論　☐10.教學檔案製作　☐11.教學行動研究　☐12.教學示範
☐13.教材教法　☐14.共同備課　☐15.其他＿＿＿＿＿＿＿＿＿＿＿＿

二、紀錄：

夥伴教師優勢與肯定	夥伴教師關注焦點與挑戰
1. 夥伴教師願意配合108課綱，先期試行開設多元選修課目。 2. 夥伴教師具備熟稔完整之地理課程智能。 3. 夥伴教師主動積極參與社群、研習及跨領域共備課程。	1. 多元選修課程（我們住得安穩？）首要面對選修課程學生，先備知識有落差。 2. 試行課程沒有教科本，雖然有教師自編教材，但對學習者而言，還未能適應習慣。
夥伴教師省思與下一步行動	教學輔導教師回饋與下一步行動
1. 夥伴教師希望提升選修學生，較為齊一之先備概念。 2. 夥伴教師指定參考書籍，要求學生預先完成閱讀，在選修課堂中予以補充並修正概念。	1. 選修課學生的先備知識不齊，可以藉由課堂小組分配，進行彼此學習的安排→「我是女王蜂」。每一組蜂王，有義務帶領蜂群自我成長。 2. 嘗試世界咖啡館模式，每組分別閱讀部分段落，再由轉組機會去吸收其他組別群體的想法，讓學習者能藉由交流、談論、講述、思考而形成自我的完整概念。

	3. 多元選修課程核心便是跳脫傳統教學窠臼，夥伴教師可以思考「教」與「學」的互動比例調整。課程安排中可以請同學畫出自己居家的圖樣，檢視自然環境與生活機能的發展便利性，再說明自己對家的看法，同時了解住宅穩定的各項條件等，增加選修課程實作性及豐富性。

教師專業發展規準：請選出本次會談對應之規準，可複選（本規準為教育部1050422修正之教師專業發展評鑑規準）

☐A-1-1 參照課程綱要與學生特質明訂教學目標，並研擬課程與教學計畫或個別化教育計畫（IEP）。

☐A-1-2 依據教學目標與學生需求，選編適合之教材。

☐A-2-1 有效連結學生的新舊知能或生活經驗，引發與維持學生學習動機。

☐A-2-2 清晰呈現教材內容，協助學生習得重要概念、原則或技能。

☐A-2-3 提供適當的練習或活動，以理解或熟練學習內容。

☐A-2-4 完成每個學習活動後，適時歸納或總結學習重點。

■A-3-1 運用適切的教學方法，引導學生思考、討論或實作。

■A-3-2 教學活動中能融入學習策略的指導。

☐A-3-3 運用口語、非口語、教室走動等溝通技巧，幫助學生學習。

☐A-4-1 運用多元評量方式，評估學生學習成效。

☐A-4-2 分析評量結果，適時提供學生適切的學習回饋。

☐A-4-3 根據評量結果，調整教學。

☐A-4-4 運用評量結果，規劃實施充實或補強性課程。

☐B-1-1 建立有助於學生學習的課堂規範。

☐B-1-2 適切引導或回應學生的行為表現。

☐B-2-1 安排適切的教學環境與設施，促進師生互動與學生學習。

☐B-2-2 營造溫暖的學習氣氛，促進師生之間的合作關係。

☐B-3-1 建立並分析學生輔導的相關資料，了解學生差異。

☐B-3-2 運用學生輔導的相關資料，有效引導學生適性發展。

□B-4-1 運用多元溝通方式，向家長說明教學、評量與班級經營理念及做法。

□B-4-2 通知家長有關學生在校學習、生活及其他表現情形，促進家長共同關心和協助學生學習與發展。

平時輔導紀錄表（高中範例1-2）

夥伴教師姓名：　○○○　夥伴教師任教年級／學科：二年級／地理
教學輔導教師姓名：○○○ 教學輔導教師任教年級／學科：二年級／歷史
會談日期：106年 12 月 15 日

一、輔導方式或重點：（可複選）

□1.環境脈絡認識　□2.班級經營　□3.親師溝通　□4.課程與教學設計
□5.教學觀察與會談　□6.教學省思　□7.專業成長　■8.學習成果分析
■9.個案討論　□10.教學檔案製作　□11.教學行動研究　□12.教學示範
□13.教材教法　□14.共同備課　□15.其他＿＿＿＿＿＿＿＿＿＿＿＿

二、紀錄：

夥伴教師優勢與肯定	夥伴教師關注焦點與挑戰
1. 夥伴教師熱心教學工作，竭盡所能希望學生能有效學習達成目標。 2. 夥伴教師願意傾聽學生的心聲，也能提供各式資源解決學生在學習上的困擾。 3. 夥伴教師不厭其煩在每一節課前5分鐘都施測上次教學內容，預期學習者能複習準備。	1. A同學心情低落，尋求夥伴教師的協助。 2. 夥伴教師發現A同學學習狀態停滯。 3. 夥伴教師思考如何讓A同學事半功倍，掌握讀書要領、習得正確智能素養。
夥伴教師省思與下一步行動	**教學輔導教師回饋與下一步行動**
1. 夥伴教師發現A同學過於熱衷社團活動，相對課堂的專注力減弱。 2. 夥伴教師要求A同學先減少社團時間、增加課後複習的時間，並多做題目自然能夠掌握出題方向與趨勢，成績應該有所改變。	1. 先聽A同學如何安排各項活動時間，雙方可以討論出合理、合情、可接受的規劃。 2. 試以心智圖方式，讓學生增強學習效能。 3. 除了紙筆測驗之外，「你說我聽」

	也能掌握學生了解程度，同時學習者也能進行自我檢視。 4. 另外筆記也可以是另一種成效評估，學習者預先初步寫下課程重點，課堂中聽講後補充記載內容，教師可以從筆記的脈絡中找到學習者的盲點，並加以補強訂正。 5. 班級小組讀書會，也可以嘗試協助A同學改善學習成效。透過學生間彼此的提問、解答、釋疑，是一種高端成效評估，讓學生學會自己幫助自己。

教師專業發展規準：請選出本次會談對應之規準，可複選（本規準爲教育部1050422修正之教師專業發展評鑑規準）

☐A-1-1 參照課程綱要與學生特質明訂教學目標，並研擬課程與教學計畫或個別化教育計畫（IEP）。

☐A-1-2 依據教學目標與學生需求，選編適合之教材。

☐A-2-1 有效連結學生的新舊知能或生活經驗，引發與維持學生學習動機。

☐A-2-2 清晰呈現教材內容，協助學生習得重要概念、原則或技能。

■A-2-3 提供適當的練習或活動，以理解或熟練學習內容。

☐A-2-4 完成每個學習活動後，適時歸納或總結學習重點。

☐A-3-1 運用適切的教學方法，引導學生思考、討論或實作。

☐A-3-2 教學活動中能融入學習策略的指導。

☐A-3-3 運用口語、非口語、教室走動等溝通技巧，幫助學生學習。

■A-4-1 運用多元評量方式，評估學生學習成效。

■A-4-2 分析評量結果，適時提供學生適切的學習回饋。

☐A-4-3 根據評量結果，調整教學。

☐A-4-4 運用評量結果，規劃實施充實或補強性課程。

☐B-1-1 建立有助於學生學習的課堂規範。

☐B-1-2 適切引導或回應學生的行爲表現。

☐B-2-1 安排適切的教學環境與設施，促進師生互動與學生學習。

☐B-2-2 營造溫暖的學習氣氛，促進師生之間的合作關係。

□ B-3-1 建立並分析學生輔導的相關資料，了解學生差異。

□ B-3-2 運用學生輔導的相關資料，有效引導學生適性發展。

□ B-4-1 運用多元溝通方式，向家長說明教學、評量與班級經營理念及做法。

□ B-4-2 通知家長有關學生在校學習、生活及其他表現情形，促進家長共同關心和協助學生學習與發展。

附錄二

輔導案例紀錄表表格

輔導案例紀錄表

教學輔導教師 （認證教師）		任教年級／學科	
夥伴教師		任教年級／學科	
會談日期	___年___月___日	地點	
案例標題			
事件發生時間	___年___月___日	撰寫輔導紀錄日期	___年___月___日

案例主題：（勾選所描述事件之主題或主要問題，可複選）

☐1.環境脈絡認識　　　☐2.班級經營　　　☐3.親師溝通

☐4.課程與教學設計　　☐5.教學觀察與會談　☐6.教學省思

☐7.專業成長　　　　　☐8.學習成果分析　　☐9.個案討論

☐10.教學檔案製作　　　☐11.教學行動研究　　☐12.教學示範

☐13.教材教法　　　　　☐14.共同備課　　　　☐15.其他_____

輔導紀錄隱私權的保護程度：

☐1.認證審查後，可將撰寫者匿名供人討論（撰寫者擁有著作權，只同意供人討論或教學使用）。

☐2.認證審查過程，除審查委員外，請勿讓其他人瀏覽。

一、**夥伴教師遭遇的情境敘述**（應包含事件背景、人物描繪、情節推演、衝突或困境點、當下的處理等要素）：

二、關鍵人物相關背景描述（包括主角和其他人物的人口變項和家庭、學校背景等）：

三、關鍵問題（事件中等待解決的問題或可以輔導的內容）：

四、教學輔導教師對夥伴教師的建議和協助（請寫出提出的建議和實際協助情形）：

五、事件最後的結果或心得與感想（寫下事件最後的結果或撰寫時的情況，以及教學輔導教師對這件事情的心得感想）：

備註：每個欄位均須填寫，可條列，填寫字數總和在300字以上。

附 錄 三

案例品質評估表

案例品質評估表

壹、標題					
評鑑項目	非常同意-----非常不同意				
1. 案例的標題能激發我閱讀案例的興趣	5	4	3	2	1
2. 案例標題的命名與案例的內容相符	5	4	3	2	1
3. 案例的標題中立客觀（即不做價值的暗示）	5	4	3	2	1
貳、本文					
評鑑項目	非常同意-----非常不同意				
4. 案例的主題明確，內容圍繞著重要事件進行	5	4	3	2	1
5. 我相信案例中的描述是真實可信的	5	4	3	2	1
6. 我能了解案例人物的背景及其態度立場	5	4	3	2	1
7. 案例的內容包含了複雜性和兩難衝突	5	4	3	2	1
8. 案例中的人物（或事件）的描述生動有趣	5	4	3	2	1
9. 案例描述是客觀中立的觀點	5	4	3	2	1
10.案例本文提供足夠的線索引發我對研究問題的思考	5	4	3	2	1
參、研究問題					
評鑑項目	非常同意-----非常不同意				
11.研究問題的題意是明確和具體的	5	4	3	2	1
12.研究問題是發散性的問題，正確答案有兩種以上	5	4	3	2	1
13.研究問題的措辭能鼓勵我思考	5	4	3	2	1
14.研究問題提供我智慧上的挑戰	5	4	3	2	1
15.研究問題能切中案例主題，具有關鍵性	5	4	3	2	1
肆、寫作風格					
評鑑項目	非常同意-----非常不同意				
16.案例的敘述文筆流暢	5	4	3	2	1

17.案例的敘述生動有趣	5	4	3	2	1
18.案例的段落分明	5	4	3	2	1
19.案例的內容淺顯易懂	5	4	3	2	1
20.案例的開端引人入勝	5	4	3	2	1
伍、其他（請提供書面質性建議，或直接修改於案例紙本上）					
註：好的案例，其特徵包括： 1.案例要貼切課程與教學需求、2.案例敘述品質要佳、3.案例可讀性要高、 4.案例要能觸動情感、5.案例要能製造困境 請以此判斷標準，提供本案例的優點和建議。					

參考文獻

張民杰（2000）。案例教學法之研究及其試用：以教育行政課程試用為例。國立
臺灣師範大學教育研究所博士論文，未出版，臺北市。

劉唯玉（2010）。案例教學與師資培育之研究（NSC99-2410-H-259-030-022-
MY2）。臺北市：國科會專題研究計畫。

國家圖書館出版品預行編目資料

教師協作：教學輔導案例輯，第二集／賴光
真，張民杰編著. -- 初版. -- 臺北市：五
南，2020.01
　　面；　公分
　　ISBN 978-957-763-813-7（平裝）

1. 教學輔導　2. 個案研究

527.4　　　　　　　　　108021656

1IOS

教師協作
教學輔導案例輯（第二集）

主　　編 — 教育部師資培育及藝術教育司

編 著 者 — 賴光真、張民杰

發 行 人 — 楊榮川

總 經 理 — 楊士清

總 編 輯 — 楊秀麗

副總編輯 — 黃文瓊

責任編輯 — 陳俐君、李敏華

封面設計 — 王麗娟

出 版 者 — 五南圖書出版股份有限公司

地　　址：106台北市大安區和平東路二段339號4樓

電　　話：(02)2705-5066　　傳　　真：(02)2706-6100

網　　址：http://www.wunan.com.tw

電子郵件：wunan@wunan.com.tw

劃撥帳號：01068953

戶　　名：五南圖書出版股份有限公司

法律顧問　林勝安律師事務所　林勝安律師

出版日期　2020年1月初版一刷

定　　價　新臺幣300元